100倍の富を引き寄せる
ミリオネア・マインドセット
黄金のルール

Millionaire Mindset
Golden Rules of Attraction

ハイパフォーマンスUPコーチ
TAE

ビジネス社

はじめに

起業して８か月で年収が１億を超え、１年半で会社員時代の年収の１００倍に！

ゼロから立ち上げた新事業が２年弱で月商１億円に！

毎月赤字だった店舗が１年で年商１億円越えに！

未経験からスタートしたビジネスが３年で１００億円以上の売上に！


これらは、私のセッションを受けてくださったクライアント様の実例です。

本気で望むなら、どんな夢でも実現します。そこに、その人の過去やスキルは関係がないことを、私は実感しています。人は誰でも、無限の未知なるパワー、魅力を秘めているのです。

しかし、残念なことに多くの方が、そのことに気づいていません。これは非常にもったいないことです。

まず、自分の持つ**無限のパワーに気づくこと**。これが豊かさの扉を開く第一歩です。

人はいつからだって、いかようにだって変われます。

「本気で変わりたい」

「本気で人生をより良くしたい」

もちろん、そう思う気持ちがあればの話ですが。

私のクライアント様も、最初から自信があったわけではありません。

「本当にできるんでしょうか」

「やってみたいけど、自信がありません」

「ふと不安になります」

そんな声もたくさん聞きました。それでも皆さん、自分の力を信じ、自分の魅力を開花させることで、収入も環境も、どんどんステージを上げていかれたのです。

これが、私の提供するコーチングメソッドです。

一度変化を体感すると自信がつき、そこから人生は一気に加速していきます。

たった一度の人生です。あなたは、これからの人生をどのように生きたいでしょうか？

「好きなことで起業して、成功したいです」

「たくさんのお客様に囲まれて、いつも楽しく笑って過ごしたいです」

「自分を大切にしてくれるパートナーと出会い、幸せな家庭を築きたいです」

「今よりもっとお金を稼いで、海外と日本でデュアルライフを送りたいです」

「いつでも行きたいところに行けて、なんの不安もなく自由に生きたいです」

きっとあなたにも、たくさんの夢があるでしょう。

けれど、多くの方は、自分の夢をどこかに置き忘れてしまうんです。

そして、「どうせ叶うわけないよね」「自分にはそんなの無理に決まってる」と、人生を早々とあきらめてしまう。


夢は、いつからでも、いくらでも描いていいんです。

私のクライアント様には、結婚相談所で「そんな理想に合う人なんて、いませんよ」と言われたけれど、40代、50代で幸せなご結婚をされた方もいらっしゃいます。

あなたの夢を現実にするマインドセットのすべてを、本書では解説していきます。

この本には、あなたが豊かな富を引き寄せ、あなたらしく幸せになり、成功するメソッドをたっぷり詰め込みました。どれもすぐにできることばかりです。ぜひ、楽しみながら読み進めてみてくださいね。

2019年11月

TAE

100倍の富を引き寄せる　ミリオネア・マインドセット黄金のルール　もくじ

chapter 1

あなたは、あなたの思ったような人になる♡

潜在意識を味方につけて、この瞬間から思い通りの人生へシフト！

chapter

2 あなたの人生を加速させるTAEのマインドセット

いつからだって、どんな望みも自由に叶えることができる

chapter 3

お金も愛も引き寄せるマインドセット

人生を豊かにし、成功をもたらす秘訣をお教えします！

chapter 4

チャンスの女神に愛される人になる！

宇宙に応援される〝徳積み〟で、運気を一気に上げましょう

chapter

5

望む未来が、あなたの元へやってくる！

倍速で人生を加速させ、一気にステージを上げていこう♡

Millionaire mindset

chapter 1

あなたは、あなたの思ったような人になる♡

潜在意識を味方につけて、
この瞬間から思い通りの
人生へシフト！

1
Millionaire Mindset

セルフイメージをどんどん書き換える

「私は〇〇な人間だ」

この〇〇が、あなたのセルフイメージです。

〇〇に何が入りましたか？


人は思い通りの人間になります。

「私は臆病な人間だ」「私はいつも自信がない」「私は何かに挑戦する勇気がない」「私はだらしなくてルーズだ」「私はいつも他人と比べて落ち込んでしまう癖がある」

……などと思っていないでしょうか？

そのようなイメージを自分自身に持っていると、無意識のうちに、そのマイナスのイメージ通りの人になろう、なろう、としてしまうのです。

逆に、「私は愛される人間だ」「私はいつも自信があり堂々としている」「私は優しくて思いやりがある」「私は影響力がある」「私は常にポジティブに人生を生きている」「私はいつも目標に向かって行動できる」……。このように自分をイメージしていると、どんどんその通りになるんです。

人間の思い込みって、ものすごいパワーがあるんですよ。ですから、あなたは、あなたのなりたいような人間であるというイメージを、自分自身に刷り込んでほしいのです。

数年前、まだ私が会社員だった頃、私は常に現状に不満を抱えて生きていました。

「自分の人生はこんなもんじゃない」
「絶対、このまま平凡な人生で終わりたくない」

ずっとそう思っているのに、じゃあどんな人生にしたいのか、何から始めたらいいのか、どこへ向かったらいいのか、まったくわからなかったのです。今思うとわかろうとする努力をせず、自分の本心と向き合うことをせずに、ただ流されるように過ごしていたと思います。なんとなく毎日が過ぎていき、不満もあるけれど、安定した会社で正社員として働いているし、家族もいるし、友達もいる。週末はいつも予定が入っていて、なんとなく充実もしている。そうやって自分を納得させていたのです。


そんな私にターニングポイントが訪れました。

一つはスピリチュアルの素晴らしさに本気で目覚め、学びを深めて実践したこと。

そしてもう一つは、素晴らしいメンターの教えに出会えたことです。

そこから私の人生は、大きく大きく変わっていきました。


まず最初に、皆さんにお伝えしたいのは、メンターの教えを実践することによって、私のセルフイメージが以前とは劇的に変わったことです。

「他人と比較してばかりで落ち込み、自分に自信が持てない」

「夢はあるけど、不安が次々と出てきて、自分にできる気がしない」

これが昔、私が自分自身に抱いていたセルフイメージです。

今の私しか知らない方にお話をすると、「えぇぇぇ!! TAEさんにもそんな時代があったんですか⁉ どうやって今のTAEさんに変化されたんですか⁉」と驚かれます。

はい、私にもこんな時期が長くありました。悶々として、鬱々としていた時代があったのです。とにかく他人と比べてばかりでしたし、強がりを言っても自分に自信が持てず、確信が持てなかったのです。

ところが、スピリチュアルの師に出会い、学びを深めて自分自身との対話をしていくと、自分という存在は大いなる宇宙と共鳴していることに気がつきました。自分自身が本当に愛しく思え、丸ごと自分を受け入れられるようになったのです。

以前の私は、自分にないものばかりが目について落ち込んでいましたが、そこからはコンプレックスだった部分も含め、自分のことが本当に大切に思えてきたのです。

だって、この世で自分を幸せにできるのは自分しかいないんですから。

もちろん、家族だって幸せにしてくれます。ペットだって幸せな気持ちにしてくれるし、美しい景色や自然だって幸せな気持ちにはしてくれるでしょう。

けれど、一番自分を幸せにできるのは……やはり自分自身なんですね。

自分の内なる声に耳を傾け、自分自身がどう生きたいのか、どう成長し、どう日々を感じながら生きていきたいのか？　を本当に理解できるのは、他でもない自分。

であるなら、自分を大切にできなくてどうするんだ⁉　一生付き合っていくこの私という唯一無二の存在を愛せなくて、何が幸せというものなのか？

このような考えに変わってからはとことん自分自身と向き合い、自分を愛すること、まるごと受け入れることに意識を向けるようになったのです。


その頃、夫と出会い、知り合って半年で結婚しました。

まさに私のセルフイメージが変わったことが生んだ奇跡です。

実は、私はそれまで3年半ほど過酷な修行僧のような婚活をしていて、婚活にはホトホト疲れ果て、もう結婚はあきらめて一人気楽に生きていこう、そう思っていました。ところが、「自分は心から価値観の合う、お互いを高め合える人と出会い、家庭を持てる」と、セルフイメージと結婚のイメージが大きく変わって、そこから出会いに恵まれ、わずか半年で電撃結婚。

当時の上司は、私の「結婚します！」の報告に、椅子から転げ落ちるほど驚いていました（笑）。それくらい私が結婚するということは、周りにとって衝撃的だったようです。


「自分は愛されない」というセルフイメージを持った方がいらっしゃったら、まず、「自分をとことん愛すること」から始めてみてほしいのです。

あなたはこの世で唯一無二の存在です。自分を愛することが、大切な人からも愛される普遍的な法則です。

セルフイメージを書き換え　幸せをつかんだ女性

昔、私の元へいらっしゃったあるクライアント様のお話をさせてください。

その方は、「私は自分のことが世界一嫌いなんです。大嫌いです。でもTAEさんのブログを読んで、なんだか自分でも変われる気がしてきました。こんな私でも自分のことを好きになりたいし、好きなことをしたいし、できればいずれ結婚だってしたいです」

このようなご相談でした。なぜそこまでご自分のことが嫌いなのかといえば、幼少期に受けたいじめの経験や、家族から愛されていない、という思い込みにありました。そうした部分も、セッションでゆっくりとお話をさせていただく中で、どんどんほぐれていきました。毎回その方の良い部分、素晴らしい部分をお伝えしながら、ご本人にもどんどん自信を持てるワークを行ってもらったのです。

半年ほどたった頃、ずいぶんとその方は変わりました。

外見ものすごく変わりました。半年で10kgのダイエットに成功され、自信を持ち、なんと優しい彼までできて、不仲だった家族とも良好な関係になったのです！

そして、「今では自分のことが大好きです！」と表情も別人のように明るくなり、やりたいことにも次々とチャレンジされるようになりました。「自分のことが世界一嫌いなんです」と言っていた方がですよ！

この方だけではありません。「自分のことが大嫌い」「自分なんて愛せない」、そうおっしゃる方を何人も見てきましたが、それは過去の古い思い込みを引きずっている場合が多いのです。けれど、少しずつ見方を変えていったり、自分の心に寄り添い、内なる声を聴くことで、思い込みは変わります。

あなたが今お使いのスマホだって、10年も同じ機種を使い続けている方はいないでしょう。きっと数年ごとに買い替えて、データだってアップデートしたり、新しいアプリをダウンロードしますよね？

あなた自身もアップデートをしなければいけません。細胞が入れ替わるようにあなた自身も日々生まれ変わり、いつからだって、あなたの望む人生を描くことが可能なのです。

あなたは、あなたが思った通りの人間になります。

「私は魔法使いです。あなたの望みを今から一つだけ叶えてあげますよ！

あなたは、あなたが望むような人になれるんです。えぇ、どんな人にでもです。

あなたはどんな人になりたいですか？　教えてください」


こう言われたら、あなたは何をお願いしますか？


今、あなたの中に「こんな人間になりたい！」という答えが出ましたね？

おめでとうございます!!　そうなれるんですよ！

ここからさらに、あなたが今こうなりたい！　と思った人になる方法を詳しく見ていきましょう！

2
Millionaire Mindset
自分を取り巻くエネルギーを意識する

「エネルギー」。これこそ私が、ここ何年も何年も意識を向けて、そしてたくさんの方に「とにかくエネルギーが大切ですよ！」とお伝えしている非常に重要なことです。私がお会いした成功者の皆さんも、日々これを意識して大切にされています。エネルギーと言ったり、「気」といったり、「波動」と言ったり、「周波数」などと言い方や捉え方は少しずつ違いますが、私は「エネルギー」が一番しっくりきますので、ここでは「エネルギー」とお伝えすることにします。

人には皆エネルギーがあります。物にも場所にもあります。
「ここは良いエネルギーが漂ってるね」なんて会話をしたり、耳にされたりしませんか？　このエネルギーこそ、日々あなたにとても大切にしてほしいものです。

人は同じエネルギーに引き寄せられます。心地良いエネルギーを発していれば、心地良い方と引き合う。逆にネガティブなエネルギーを発していると、ネガティブな人と引き合う。ですから、まずは自分自身を常に良いエネルギーで満たし、心地良いエネルギーを発することが大切です。

では、具体的にどうしたら、自分自身が良いエネルギーを発することができるのでしょうか？

誰でも、今すぐ、どこにいても、しかもプライスレスでできる方法を二つお伝えしますね。

一つめは「笑顔」でいることです！

こんなに簡単でいつでもどこでもできることで、しかもお金はまったくかからない！（笑）、これこそがエネルギーを上げ、引き寄せを加速し、望む未来がどんどん近づいてくる最強で最速の方法です。私はどんなことがあっても、とりあえず笑顔だけは忘れません（笑）。

笑顔でいる人に　チャンスの女神が微笑む

昨年、プライベートでかなりキツイことがありました。気持ちの切り替えはずいぶん速い私がなかなか切り替えられなくて、心が折れてしまいそうになる日が続きました。そんなときでも、笑顔だけは決して忘れませんでした。

もちろん、ネガティブな感情も決して悪いことではないですし、その感情に寄り添い、感じ切ることも大切です。でも、ずっとずっと暗い顔をしていると、状況はどんどん悪い方向に進んでいくんです。

嬉しいことがあったから笑顔になる、幸せなことがあったから、喜ばしいことがあったから笑顔になる。これは当たり前ですよね？

けれど、笑顔でいるとその笑顔につられて、笑顔に引き寄せられてＨＡＰＰＹがやってくるとしたら？

笑顔でいるところに、幸せの女神は幸運を運んでくれるとしたら？

笑顔でいることが、チャンスの女神を呼び込む目印だとしたら？

何もないときでも、笑顔でいようと思いませんか？　「スマイル0円」とはよく言ったもので、笑顔は誰にでもつくれる、幸せを引き寄せる大切なポイントなのです。そして、笑顔でいるだけで男女問わずモテます！（笑）「なかなか笑顔になれないです」「笑顔をつくるの難しいです」。そんなあなたこそ、鏡の前で微笑んでみてください。

そして、鏡の前で微笑んでいる自分に対して、さらに最高の微笑みを返してあげてください。笑顔は一日にしてならずかもしれませんが、毎日鏡を見ながらやっているうちに、自然とできるようになります。最初は口角を上げる、これを意識するだけでも良いですよ。

もう一度言いますね。笑顔でいるから幸せがくるのです。笑顔でいるところにチャンスは訪れますよ♡

二つめは、姿勢を良くして呼吸を深くすることです。

猫背で目線が下を向いていると、良いエネルギーが出ません。成功者で猫背の方を私は見たことがありません。皆さん、姿勢がものすごく良いのです。

胸を張り背筋を伸ばす、たったこれだけで、なんだか良いエネルギーが満ちてくる感じがしませんか？　そして、肩の力をすとんと抜いて、目線を上にして口角をキュッと上げたら、そこで深い呼吸を3回してください。現代人は呼吸が浅い方が多いので、日頃から深く呼吸する癖をつけるといいですね。

私は何か嫌なことが起きたときは、まず冷静に、笑顔になって、姿勢を正して深呼吸。そして空を見上げます。

とてもシンプルですが、たったこれだけで気持ちが切り替わり、嫌なエネルギーが払拭され、良いエネルギーを呼び込むことができますよ。

ぜひ試してみてくださいね♡

3

Millionaire Mindset

「ある」にフォーカスすることで人生は豊かになる

豊かさのエネルギーとつながることを、私は日々意識しています。

豊かさには、お金や物など、目に見える物質的豊かさと、心の平穏や愛情、達成感や充足感など、目に見えない豊かさとがあります。

お金も愛も、どちらも引き寄せて幸せな成功者になる、これが私のモットーであり、クライアント様も、お金も愛も両方手に入れたい方が私の元へ集まります。

数年前、結婚を機に名古屋から小田原へ引っ越しました。

その頃、スピリチュアルの素晴らしさに目覚め、スピリチュアルのセッションを小田原で始めました。最初はお客様も多くなく、心の平穏はありましたが、お金への不安が毎月つきまとっていました。

というのも、夫はその頃から脱サラをして起業したいと言っており、毎月本代だけで数万円、セミナーや勉強会などにもお金をどんどん使って、当時の私は、どうしてそんなに高額のセミナーを受けるのか、まったく理解できませんでした（今では私自身も数十万円のセミナーに年に何度も足を運んでいるのですが〈笑〉）。

そのせいもあって、毎月家計は赤字で貯金もできず、せっかく貯めていた定期預金を崩して家計に回したりして、私は毎月お金の不安でいっぱいだったのです。

その頃から満月と新月にはノートにアファメーション（肯定的宣言）を書くワークをしていました。満月の日は不安や恐れを手放すことがテーマです。当時のノートを見ると、毎月、満月に「お金の不安を手放します」と書いているのです。あの頃の私は本当に不安でいっぱいで、その状況をなんとか変えたくて必死だったんだなぁ、と思います。

そして、そのワークを半年以上も続けた頃、ふと自分はいつも「ない」ことばかりに意識を向けている！　と気がつきました。お金がない、お金が減っていく。そのことに、必要以上に不安のエネルギーを向けていたのです。

毎月カードの支払明細がくるたびにため息をつき、あぁ、またお金がなくなってい

く……とブルーになる。失うことにばかり目を向けていました。

エネルギーは、そこに意識を向ければ向けるほど、その部分ばかりが大きくなって

いくんです！　それに気づいてから、私は徹底して「ある」にフォーカスしました。

もっというと、自分に与えられたものにだけ意識を向け、感謝の気持ちをたくさん

持つようにしたのです。

「ある」ことに感謝する

愛する家族がいる、両親が健康でいてくれる、住む家がある、食べたいものはいつ

だって食べることができる、それは健康な肉体があるからこそ。

蛇口をひねれば綺麗な水が出る、調べ物をしたいならスマホがいつでも手伝ってく

れる、美しい景色がすぐ目の前にある、いつでも話を聞いてくれる友人がいる、困っ

たら手を差し伸べてくれるメンターがいる……ｅｔｃ。

とにかくそこから、ある、ある、ある、ありがたい、ありがたい、と「ある」ものに意識を向け、思考を変えていきました。

すると、夫のビジネスが一気に加速し、起業後わずか1年足らずで収入が1億円を超えました。さらには私自身のセッションのお問い合わせもどんどん増えて、収入の桁が変わったのです。

いかに「ある」にフォーカスをすることが大切なのか、改めて実感しました。

人はつい、ないもの、欠けているものに目を向けてしまう習性があるんです。

自分が持っていないものに目を向けて不平不満を言うより、自分が持っているものに目を向け、そこに感謝の気持ちを送る。「当たり前」を「ありがたい」に変える。

今日から、ある、ある、ある、ある、と「ある」にフォーカスしてくださいね♡

そして、ありがたい、ありがたい、ありがとう、ありがとう、と自分自身に、そしてあなたの感謝を伝えたい人に伝えてみてくださいね。流れが一気に変わりますよ！

4

Millionaire Mindset

「潜在意識」を信じて味方にする

私が潜在意識という言葉を初めて耳にしたのは今から10年ほど前です。でも、その頃は「ふうん、そういうものがあるのかぁ」くらいで、まったく意識をせずに過ごしていました。今思うと非常にもったいないことをしました。

この数年間は、日々潜在意識を徹底して意識して、潜在意識にお願いをしてきました。普通の会社員だった私が今こうして大好きなコーチングを仕事にし、愛もお金も引き寄せ、夢だった海外生活まで叶えてしまった。まさに望む未来を次々と現実にできたのは、「潜在意識を信じて、潜在意識に働いてもらった♡」ことがとても大きいのです。

潜在意識はそれくらいパワフルなのです。ですから私は、潜在意識の大切さ、重要さに気づかせてくれた、メンターであるアメリカのトップコーチ、リー・ミルティアに、心からの感謝の気持ちでいっぱいです。

潜在意識という言葉は、おそらく皆様も聞かれたことがあると思います。でも、潜在意識なんて目に見えないし、実際どうなの？　と半信半疑の方もいらっしゃるでしょう。

今この瞬間にあなたが目にしたり、耳にしたりして感じていることは、顕在意識の働きによるものです。ところが、さまざまな文献を読むと、この顕在意識が働いているのは、脳のたったの5～10パーセントほどの部分。あとは潜在意識が支配しているのです。最近では、なんと脳の99パーセントが潜在意識なんだ、という研究もあるそうです。いずれにせよ90パーセント以上が潜在意識。つまり、無意識にあるというわけなんですね。

成功者はこの潜在意識を完全に味方にしています。

私もこの潜在意識の可能性を信じ、さまざまなことをお願いして、どんどん願いが叶うようになりました。しかも、「こんなの無理かな？」ということが、たくさん現実になっていったのです。

人生最大のピンチも　潜在意識にお願いして切り抜ける

つい最近、人生最大のビッグイベントを主催するという出来事がありました。

これもあとで詳しく書きますが、一番私を悩ませ、不安にさせたのは「集客」でした。予算が厳しくて広告費にお金をかけられなかったのです。私の頭の中には常に「集客をどうしよう」という不安がはびこり、こんなに頭を悩ませたことはなかったほどプレッシャーを感じました。

いろんな方が協力を申し出てくれましたが、なかなか目標の70名に達せず、イベントの2か月前の時点で集まったのは、どうにか20名ちょっとという、とても厳しい状況でした。その頃から私は、よりいっそう潜在意識にお願いをするようになりました。「やることはすべてやる。だからこのイベントが最善な形で成功できるよう、力を貸してほしい」と。

毎朝、毎晩、潜在意識が活性化する時間をより大切に過ごすようになり、ワークショップが大成功して、参加者の皆さんが喜びに満ちあふれている状況を臨場感を持ってイメージし、それに向けてシミュレーションをするようになったのです。私自身より、参加者の皆さんに喜んでほしい、その気持ちを込めて毎日イメージしていきました。

すると1か月を切った頃から急にどんどん人が集まってきて、これは何か大きな力が働いているんじゃないかと思うほどの勢いで申込みが増え、なんと80名を超える方々にご参加いただけたのです！　自分でもわけがわからないうちに開催日を迎えましたが、参加者の皆さんにも大変喜んでいただけて、講師はもちろん、会場全体が素晴らしいエネルギーに包まれ、3日間のイベントは大成功を収めることができました。

普通に考えれば、無理だろう、難しいだろう、と思うことでも、潜在意識を味方につければ現実になることを、私自身何度も経験しています。クライアント様でもこの方法を使って、次々に夢を叶えておられる方がたくさんいらっしゃるのです。

成功者は潜在意識の持つ、秘めたパワーを知っています。潜在意識を活用しないなんて、人生でとってても損をしているし、人生を楽しめていないと思います。

例えるならば、ミッキーもミニーちゃんも、ドナルドもプーさんもいないディズニーランド。ハワイに来たのに、海は立ち入り禁止で、毎日雨がざあざあ降っていて、どこにも行けないくらい、つまらないということです。

この本を読んでくださる皆様には、「自分の人生を大いに楽しんでほしい！」と私は思っています。「夢は見るものではなく叶えるもの！　いつからでも自分の思い描く人生を歩む」。そんな人になってほしいと心から願っています。

ぜひ今日から、自分の潜在意識を意識した生活をしてください。まず、自分の潜在意識を信頼してください。そして潜在意識を活性化してください。

「今までその存在すらよくわかっていなくて、そう言われてもまだ半信半疑……」。それでも大丈夫です。「潜在意識ってなんだか難しそうだなぁ」。もちろんそれでも大丈夫です。

なぜなら、私も少しずつ潜在意識を信頼し、仲良くなっていったから。

潜在意識を深く研究したというより、「信頼してみよう」「仲良くなって私の夢を叶えてもらおう♡」、そんな軽い気持ちで始めたのです。それでも、知れば知るほど、使えば使うほど、潜在意識は強烈に私の願いを叶えてくれています。

5

Millionaire Mindset

潜在意識が活性化する朝の過ごし方

潜在意識を活性化する方法にはいろいろありますが、私が長年、ずっとずっと続けている習慣をお話しします。これは本当にパワフルで、これを意識するだけで人生がどんどん好転していくので、ぜひ実践してくださいね♡

まず知っていただきたいのは、朝起きてからの40分間と、夜眠る前の40分間は潜在意識が最も活性化する時間なんです。だから、この時間を一日の中で一番大切にすること！　たったのこれだけです。これを、ずっとずっと私はとことん追求し、徹底してきました。

朝、目覚めてからの40分間はとにかく最高に気分良く過ごす。朝起きて時間がない、バタバタ。子どもが言うこと聞かない、イライラ。旦那さんが朝から「俺のワイシャツどこだー？」って言ってくる、イライラ。ではなくって（笑）。

朝はにこやかに！　朝は余裕を持って！

これだけでも人生が大きく豊かに変わるでしょう？

私はまず、朝目覚めたら、今日もベッドで元気よく目が覚めたことに感謝をし、自分自身にハグをします♡

自分の肉体と魂に愛と感謝を贈るのです。そうして、ご先祖様や、目には見えないけれど私を見守ってくれている存在たちにも愛と感謝を贈ります。

それから、「今日も最高の一日になるぞ〜！」と笑顔で、「こんなことが起きるといいな♡」というイメージをします。例えばその日にセミナーがあるなら、セミナーの参加者全員が笑顔で喜びに満ちあふれ、会場全体が熱気で盛り上がり、素晴らしい時間だったね！　と、皆さんがお互いに応援し合っている場面をイメージします。

クライアント様とのセッションがあるなら、その時間がクライアント様にとって非常に有意義な時間となることをイメージします。娘の行事があるなら、娘が最高の笑顔で楽しんでいる様子をイメージします。

朝は、とにかく今日も最高の一日になることをイメージして、にやにやしています。

目が覚めるとすぐに目に入る位置には、ビジョンボード（自分が欲しいものや望む未来を、ボードにコラージュするもの）や娘が描いてくれた絵を貼ってありますから、起きた瞬間に良い気分になることができます。

家族との挨拶は「おはようマックス！」

せっかく自分が気分良く起きてご機嫌でいるのに、一緒にいる家族がむっつりしていては台無しです。ですから我が家では、朝の挨拶は「おはようマックス！」に統一しております（笑）。これで朝から気分は最高潮！

夫と娘には、「今日から『ママはおはよう』の挨拶を、『おはようマックス』にするから！」と宣言し、「は？」とわけがわからずにいる家族も巻き込んでしまいました。

以来、我が家は娘も「おはようマックス、ママ！」と起きてきます！　ばかばかしく感じるかもしれませんが、言葉には計り知れないパワーがあります。ですから、朝から「最高だ、元気だ、マックス！」と口にすることで、潜在意識も「今日も最高だよね」と認識し、その日が最高の一日になるように、あなたを導いてくれますよ。

6

Millionaire Mindset

眠る前の時間の過ごし方

朝の時間と同様に、夜、眠る前の時間もとても大切です。

眠る前の40分間は、潜在意識が活性化する時間だと書きました。ですから、その時間は一日の締めくくりとして、その日に起きた良かったこと、嬉しいこと、感謝することを思い浮かべて、心地良く穏やかに過ごすことが重要なのです。

一日よく働いてくれた肉体と魂にも感謝を忘れません。ＰＣ作業が多かったなら、「今日もたくさんの情報を見ることができたよ、ありがとう！」と目に感謝。よ～く歩いた日なら、足をさすりながら「今日もたくさん歩いてくれてありがとう！」などと声に出して言うこともあります。余裕があるときは、つま先から頭までさすって、臓器にもありがとう、と声をかけます。

そうすると心が穏やかになり、身体が温まってくる。細胞が喜んでくれるのがわかります。

そうやって、その日、自分に起きた嬉しいことを思い浮かべながら、「明日も素晴らしい日になるぞ」と眠りにつくのです。

気がめいるような情報にはふれない

絶対にやってはいけないのは、眠る前にネガティブな情報を見たり聞いたりすること。これはかなり気をつけており、眠る直前はSNSを見たり、PCにさわったりしないようにしています。なぜなら、気がめいるような情報を見てしまうと、それが潜在意識に刷り込まれてしまうからです。

以前、ハワイのホテルの廊下で、眠る少し前に大の苦手のゴキブリを見ました。ほとんどの人が苦手だと思うのですが、ゴキブリは私の苦手ベストワンなのです。

その夜、夢にゴキブリが出てきて、目が覚めました。

眠る前に見た強烈なイメージは、潜在意識へと刻み込まれます。これをうまく利用し、眠る前には、とにかくひたすら心地良い気分で過ごしてください。「なりたい未来」

をリアルにありありとイメージすることもおすすめです。潜在意識にそのイメージを刻み込むのです。

生きていれば嫌なこと、辛いこと、理不尽だと怒りの感情を持つことも、それはあります。もちろん私にだってあります。けれど、「今日こんな良いことがあったなぁ、親切にしてもらえたなぁ」と思い浮かべるのか、「今日もこんな辛いことがあった、あんな嫌なことをされた、むかつくなぁ！」と思い浮かべるのかで、眠りの質も変わります。何より潜在意識が活性化する時間にネガティブな感情を持つのは、人生を無駄にしていると思うのです。

慣れるまでは、その時間の価値を忘れてしまったり、ネガティブなニュースを見てしまう、嫌なことばかりを思い出してしまう……といったこともあるでしょう。でも、これはトレーニングです。毎日意識することで、必ず変えられます。感覚がつかめれば、もうこっちのものです。

朝と晩の時間を気分良く過ごすこと、これをぜひ、今日から取り入れてみてくださいね。それだけで良いエネルギーが満ちて、引き寄せが加速しますよ♡

7 Millionaire Mindset プライベートビクトリーでステージを上げる！

プライベートビクトリーって？　初めて耳にされる方も多いかもしれません。このワークは私が大変尊敬しているベストセラー作家であり、セミナー講師の池田貴将さんから教えていただいたものを、私なりにアレンジしたワークです。私自身はもちろん、私のクライアント様も続々と効果を実感されています。

このプライベートビクトリーを意識して上げていくと、自ずとセルフイメージが上がり、自信が持て、どんどん行動が進みます。そして、あれ？　いつの間にか引き寄せが加速しちゃってます!!　って方が続出のすごいワークなんです。

プライベートビクトリーのワークとは、自分自身でコントロールできる4つの領域を意識して、そのクオリティを上げていくというもの。

◆プライベートビクトリーの４つの領域

1 見た目
2 健康状態
3 環境
4 人間関係

「見た目」とは、あなたの外見のこと。そのままですね。

「健康状態」とは、最近の食事や運動、睡眠など、あなたの健康の状態をトータルで見てください。

「環境」とは、あなたが最も多く時間を過ごす場所です。家ならリビングや自分の部屋、会社だったらデスク周りなど、自分が身を置く環境です。

「人間関係」は、パッと思いつく人間関係を考えてみてください。日頃お付き合いをしている人など、自分の気持ちに嘘をつきつき無理な付き合いを続けていませんか？

この4つの領域について、それぞれ10点満点中、今現在は何点かな？　と自己採点してみてくださいね。

大切なことは、点数が悪いから落ち込むとか、自分のできていない部分を見つけるものでは決してないということです。あくまで「自分の現在地を知る」ことが目的です。

自分は今　どこにいるのか？

コーチングでも最初のセッションで行うのが、この「今、自分はどこにいるんだろう？」という確認です。「現在地」を知らずにどう頑張っても、目的地にはたどりつけません。

現在地が表示されないナビなんてないですよね？　まず自分自身が今どこにいて、どこに向かっていきたいのか？　これを把握することが肝心なのです。

そして、点数が書けたら、それを冷静に見ていただき、そこから「自分は、どの部分をどうしていきたいのか？」を決めてほしいのです。

例えば、「環境」に3点をつけたとしましょう。3点のうち、できている部分はそのまま継続し、できていない部分、やれていない部分、もっとこうしていきたいという部分を伸ばしていきます。

これまで、この「環境」を意識されて、自分なりに点数を上げられた方が非常にたくさんいらっしゃいました。そうして、皆さんから「自信が持てました!」「新しい仕事のオファーが来ました!」「臨時収入がありました!」などと嬉しいご報告をいただいています。

週に1回、このワークで自己採点をしながら、「今週は環境にトライしていこう!」「書類を整理しよう」「クローゼットを整理しよう」や、あるいは「来週は健康! 毎日5分のストレッチをしよう」「お水を意識的に飲もう」「休肝日を3日はつくろう」など、自分なりのアクションプランを立てていくと、どんどんなりたい自分になれます。本当に驚くくらいの変化が起きます。

お金もかからず自分のペースでできますので、ぜひやってみてくださいね♡

8
Millionaire Mindset
夢を次々に叶えられる自分になる

幼い頃、あなたはどんな夢を持っていましたか？

私は歌手になりたかったんです！　歌って踊れるアイドルに憧れていました。

忘れもしない小学3年生のテストのとき。時間より早く終わってしまった私は答案用紙を裏返しにして、時間が終わるのを待っていました。その頃は絵を描くことも好きだったので、テスト用紙の裏に、マイクを持って可愛いドレスを着て歌っている自分を描いたんです。うっかり消しゴムで消すのを忘れて提出してしまったんですね。

すると返ってきた答案用紙には、点数とその絵の下に、「これタエさんの夢？　歌手になるのは厳しい世界だしとても難しいことよ」と先生からのメッセージが書かれていました。とても難しいよ→あなたには無理だよ、というふうに見えて、すっかりしょげてしまったのを今でも覚えています。

もし、あのときの先生からのメッセージが、

「これタエさんの夢？　素敵だね！　夢を叶えるために先生も応援するよ！」

と書かれていたら？　もしかすると私は歌手になっていたかもしれませんよね。


あれから年月が経ち、夢はコロコロ入れ替わりました。

そして今、私は自分の夢を確実に叶えています。

難しい、無理だ、できない、まだあなたには早い――いつだってそう言う人は必ずいます。けれど、今の私は、難しい、無理だと言われても「そうだろうか？　そんなことはないんじゃないかな？」どころか、「できない理由ってなに？　まだ早いってなんで？　なら、それをつぶしてやろうじゃないの！」とまで思うようになりました。

私自身のセルフイメージが変わり、自分に自信が持てたからです。

それに、**できない、無理だ、と言う人は、過去にさまざまな成功体験があるのかというえば、決してそうではない**。そんな人たちの言うことに耳を傾け、自分本来が持っている素晴らしい力に蓋をしてしまうなんて、なんてもったいないことでしょうか。

自信を持つということは、文字通り自分を信じること、確信を持つことです。私は、あなたが持つパワーを、まずあなた自身に信じてほしいのです。眠っているあなたの無限のパワー、あなたの魅力を、この瞬間から感じてほしいのです。

「私はいつからだって夢を叶えられる。最善のタイミングで夢が叶う」私は日々このようにイメージして、実際に言葉に出しています。

夢が一つ叶ったらまた次の夢、また次の夢と、夢はどんどん育ち、広がっていくものです。夢は育てるもの。夢はいつからだって描いていい。夢に年齢は関係ありませんし、期限だってありません。

あなたが描く夢を邪魔する権利なんて、誰にもありません。夢破れた経験がある方もいらっしゃるでしょう。私も過去に叶わなかった夢もあります。でもそれは、たまたまそのときはタイミングではなかったのかもしれないし、実を言えば、本心では望んでいなかったのかもしれません。一度や二度ダメだったからって簡単に夢をあきらめないでください。

あなたの夢に反対したり、無理だよと言う人は、あなたの持つすごいパワーを知らないのです。

Millionaire mindset

chapter 2

あなたの人生を加速させるTAEのマインドセット

いつからだって、
どんな望みも自由に
叶えることができる

9

Millionaire Mindset

10万人に勝る「自分の魅力」を知る

「あなたは10万人よりも優れた才能を持っているんです。その才能ってなんだと思いますか？」

こう尋ねられたら、あなたはどう答えますか？

10万人より優れた才能なんて自分にはないよ、と思う方もいらっしゃるかもしれません。私もこの話を最初に聞いたときは、10万人よりも優れた私の才能？　うーん……としばらく悩みました。

しかし、人間の脳は質問をすると必ず答えてくれます。ですから今すぐに思いつかなくても、日々あなたが自分に、「10万人より優れた自分の才能ってなんだろう？」と問い続けることで、答えがふと出てきます。

私のコーチングセッションでまず最初に行うのは「自分の現在地を知る」ということなのですが、そこでこの質問をすると、9割くらいの方は答えることができません。けれど、質問を少しずつ変えていくと、「実はこういうところが才能なんじゃないかなと、自分では思っている」というものを、皆さん持っているんです。

ここがコーチングの出発点で、自分で自分の才能、魅力、強みを知り、そこをどんどん伸ばしていくことで、次々にチャンスを引き寄せ、夢を叶える速度が速くなるんです。

自分の魅力は　自分が一番知らない

自分のことは実は自分が一番知らないのです。自分の才能、魅力、強みは、普段、自分が当たり前にできていることだから気がつかないんです。

あなたも日々、「自分には10万人よりも優れた才能があるんだ!!　えー？　それってなんだろう!?」と問いかけてください。そして、その才能、自然とできているあなただけの素晴らしい才能をどんなことに使っていきたいのか、それを考えてみてほしいのです。尋ねれば、脳は必ず答えを出してくれます。あなたの素晴らしい才能が、あなたの潜在能力をどんどん開花させ、夢を叶えるスピードを上げていくのです。

自分のできている部分、良い部分に目を向けることは、とても大切です。人は自分のできていない部分や、足りない部分が気になるものです。例えば、誰が見ても美人でスタイルも抜群なのに、「私は鼻が低い」と言う少女や、キレキレの踊りを披露し、スタンディングオベーションでステージを終えたダンサーが「ターンを失敗した」と言ってみたり、完璧なプレゼンを披露し「あなたの講話は素晴らしかった！」と褒められているのに、「本当は、あそこでもっと笑いを取りたかったのです」と答えてみたり。これでは自分にダメ出しばかりをしているようなものです。

他人から褒められると嬉しい言葉は？

それでは、あなたに質問です。

あなたの魅力ってなんでしょう？　唐突すぎますか？　それでは、あなたが他人から褒められると嬉しくなる言葉って、なんでしょうか？

笑顔が素敵だね、いつもセンスいいね、よく気がつくよね、整理整頓が得意だよね、オシャレだね、すごく丁寧だよね、言葉遣いが綺麗だね、字が美しいね、スタイルがいいね、努力家だね、有言実行だよね……。

なんでもいいんです。他人から言われたら嬉しくなること、言われるとエネルギーがチャージされること、そんな言葉を書き出してみてください。そして、その言葉を自分にいつも言ってあげてください。

他人から褒められるということは、そこがあなたの魅力です。その言葉をいつも自分に言い聞かせることで、あなたの魅力がますますUPしていきます。

できていない部分ばかりに目を向けず、自分の魅力に目を向ければ、潜在能力がそれをもっともっと開花させてくれます。あなたは自信に満ちあふれ、良いエネルギーが満ちて、引き寄せも加速していきますよ。

10

Millionaire Mindset

朝、鏡の自分に向かってエールを送る

メンターからの教えでずっと習慣化していることがあります。この習慣のおかげで私自身のセルフイメージは各段に変化し、ゆるぎない自信を持てるようになりました。

それは、朝、鏡に向かって自分を褒める、自分にエールを送るというものです。

朝、鏡を見ないという方は、おそらくいらっしゃらないでしょう。そこで鏡に向かったときに、「○○、今日も素敵だよ!」「○○なら絶対にできる!! いける!!」など、自分が元気になる言葉や、思わず笑顔になるようなエールを送るのです。

最初は恥ずかしかったり、照れくさかったりするかもしれませんが、やっているうちに慣れて、どんなことでも言えるようになります。ポイントは、鏡の自分に向かって本気で言うこと。これを、潜在意識が活性化する朝の時間帯に行うのです。

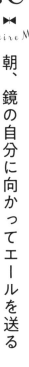

35年間も実践してこられた経営者様

ある経営者様とセミナー会場で知り合い、帰りの新幹線が同じで、グリーン車でゆっくりお話しする機会に恵まれました。その方は教育分野で大変著名でいらっしゃるのですが、何かの流れで、潜在意識がいかに人間の可能性を開花させるかという話題になりました。

すると、その方が「僕はね、35年間毎朝、鏡に写った自分に向かって、『お前はできる、やれる！』って言い続けて、今があるんだよ。35年間、毎日だよ」とおっしゃったのです！

私は思わず「先生、私もです！　私も毎朝、鏡の前で自分にエール送っています！　私はまだ数年ですが（笑）」と言って、二人で大いに盛り上がりました。

その経営者様は、教育の分野で潜在意識の研究も長くされているのですが、朝、鏡に向かって自分自身を褒める、励ますという行為は、とてもパワーを発揮するのだそうです。

人生最大のチャレンジで、何度も心が折れそうになったとき、私は朝、鏡に向かって「やれる！　できる！」とガッツポーズをしながら、松岡修造さんばりに気合いを入れていました。そんな自分の姿を見ると、なんだかこっけいで笑いがこみあげてくるんです。

笑いこそ、エネルギーがチャージされて、元気になるガソリンみたいなもの。

このワークは鏡さえあれば、いつでもどこでもできます。ぜひあなたもやってみてくださいね。

11
Millionaire Mindset

「パワークエスチョン」を身に付ける

コーチングと出会って、自分にパワーを与える質問を繰り返し投げかけていくと、自分の人生が望む未来へと変化していき、ステージも上げてくれることに気づきました。

私はこれを「パワークエスチョン」と呼んでいます。

チャレンジに失敗はつきものです。失敗したとき、大半の人は「なぜこんなつまらないことをしてしまったんだろう」「どうしてあのとき、こちらを選択してしまったのだろう」と自分を責めると思います。

せっかく勇気を出して挑戦したのに、望んでいない結果に落ち込み、自分を責める。

以前の私は、まさに典型的なこのタイプでした。いつまでもくよくよと自分を責め、苦しみ、途方に暮れたり、できない自分に嫌気がさし、できている人と自分を比べて、落ち込んでいました。

けれど、コーチングと出会い、学びを深めることで、考え方がガラリと変わりました。

困難な状況に陥ったら、「じゃあ、どうしたらできるんだろう？」「今この瞬間から何ができるかな？」「これは失敗したけれど、自分には合わない方法だったんだ。じゃあ、次はどんな方法を試したらいいだろう？」などと、すぐに次の行動へとつながる質問を、自分自身にするようになりました。

脳は必ず質問に答えてくれますから、どんなに厳しい状況でも、「では、この瞬間から何ができるの？」と自分に尋ねれば、必ず何かしらの答えが返ってきます。それは、「一度じっくり戦略を練ろうよ！」「あの人に相談してみたらいいよ！」かもしれませんし、「過去にうまくいったケースを思い出してみようよ！」「○○に行ってみたら良い情報がありそうだよ！」といった答えかもしれません。

家族でパワークエスチョンのトレーニング

パワークエスチョンを使いこなせるようになると、常に前向きな行動がとれるようになってきます。家族や友人にもパワークエスチョンを投げかけることで、良い結果が生まれてきます。

私の娘は、初めて挑戦することに対して、「できなかった、やれなかった」と言うことがよくあります。そういうとき私は、「そうか。頑張ったけど、今日はできなかったんだね、それはまだやり方を知らないだけだよ。じゃあ、次はどうしたら上手にできると思う？」と聞いてみます。最初は「うーん……」となっていても、そのうちにできる方法を自分なりに考えて、言葉にするようになります。

これを繰り返すことで、できないのではなく、正しくできるやり方をまだ知らないだけ、自分に合う方法にまだ出会えてないだけ、という考え方ができるようになるんです。

我が家では毎晩、「今日はどんな良いことがあったの？」「今日、面白かったニュースはなに？」などと、お互いに聞き合っており、聞かれたほうは、必ず良かったこと、面白かったことを考えますし、それを言葉にすることで良いエネルギーが生まれます。そして、「できないことなんてなーい！　できないって言うと、できなくなるぞ！」と、お互いに言い合って、笑っております。

パワークエスチョンは、日常生活のあらゆるシーンで使うことができます。ぜひ今日から、自分自身にパワークエスチョンを投げかける習慣をつけてみてくださいね。

自分を力づける「パワーアンサー」

パワークエスチョンに慣れてきたら、ぜひ「パワーアンサー」も習慣化してほしいと思います。これも文字通りで、〝自分にパワーを与える回答をする〟というものです。

例えば、会社の先輩に「久しぶり！　元気？」と声をかけられたら、「はい、ぼちぼちやってます」ではなくて、「はい！　絶好調です！」とか「はい！　おかげさまで、いつも元気に楽しくやらせてもらってます！」と答えるのです。

日本人には、謙遜したり遠慮するといった文化がありますよね。

「とても綺麗ですね！」と言われて、「いえいえ、そんなこと全然ないですよ。最近太っちゃって……」とか、「素晴らしい文章ですね、感動しましたよ！」と褒められても、「そうですか？ なんか伝わったのか全然心配で」……みたいな調子です。

でも、こう答えて、自分自身がパワーに満ちあふれますか？ 自分にダメ出しをしていますよね。ここは「ありがとうございます！ 嬉しいです！」「共感していただけてとてもありがたいです！」と答えると、なんだか自分もまたやる気になり、言ってくれた相手も嬉しいと思うのです。

私は感謝の言葉をかけられたら、「お役に立ててとても嬉しいです！」と答えます。そうするとその場の空気がパッと明るくなりますよ。

パワークエスチョンができるようになってきたら、ぜひパワーアンサーも意識して使うようにしてみてください。そうしてどんどん自分自身を良いエネルギーで満たしていってくださいね♡

12

Millionaire Mindset

根拠のない自信を持つ

「根拠のない自信」ほど、人生をより良い方向へと変化させ、成功や引き寄せを加速させるのに大切なものはありません。私が今までお会いしてきた成功者は皆さん、根拠のない自信をたっぷりと持っていらっしゃいました。

「自信」とは、文字通り自分自身を信じることですが、なかなかこれができない。

「自分に自信が持てたら、自分の人生はもっと良い方向に進んだんじゃないか」

あなたもこんなふうに一度や二度、思ったことがあるかもしれません、

「TAEさん、もっと自分に自信を持ちたいんです」、これは昔から最も多いご相談の一つです。それくらい、「自信を持ちたいけど、持てない。どうしたらいいんだろう……」と堂々巡りをされる方が少なくないのですね。

私も今でこそ、自信を持ってさまざまなことにチャレンジしていますが、ほんの数年前まで、自信なんてものはまったくありませんでした。常に不安、焦り、私にやれるのかな、大丈夫かな、そんな思いでいたのです。

「私も昔は自信なんてまったくありませんでしたよ。他人と比べては落ちこんでいました」とお話しすると、皆さん、本当にびっくりされます。

けれど、そんな私がここまで変わったのですから、人間はいつからだって、「変わりたい」という気持ちがあり、そこに必要なマインドセットができて、行動がついてくれば、どこまでだって変わることができる。私はそう確信しています。

自信が持てたら、やりたいことにどんどんチャレンジできるでしょう。

自信が持てたら、あなたの元へやってくるチャンスも、どんどんものにできるでしょう。自信が持てたら、輝きが変わります。エネルギーが変わりますから、引き寄せもさらに加速し、夢の実現が速くなるでしょう。

ここからは自信のつけ方、自信を持つ方法を、具体的に書いていきたいと思います。

13

Millionaire Mindset

小さなことでも自画自賛する

今日からすぐにできて、どんどん自信が持てるようになるワークをご紹介します。

それは、一日の終わりに、「あなたが今日できたこと」を一つずつ褒めるというもの。

私はこれを「自画自賛ワーク」と名づけております。自画自賛こそ、簡単かつすぐに幸せな気持ちになれるものです。それも、ものすごくシンプルなことで、あなたが当たり前にやっていることも一つひとつ褒めるのです。

例えば、今日も会社の始業10分前には席につきメールチェックができた、一日穏やかに笑顔で過ごせた、家族のために夕食をつくった、予定していたタスクをすべて終わらせることができたなど、どんなことでもいいのです。

あなたが「こんな些細なことは褒めるにあたらない」と思うようなことも、意識的に自画自賛してみてください。**潜在意識は、物事の大小を区別しないと言われていま**

すから、一つでも多く褒めたほうがよいのです。

自画自賛してパワーチャージ

私は普段から、自分で自分を褒めることに余念がありません（笑）。

「TAEさんっていつも笑顔でパワフルですよね、何か秘訣があるのですか？」とよく聞かれますが、その秘訣の一つはこの自画自賛ワークです。

以前の私は、夕食後の食器をシンクに残したまま寝てしまうことがありました。後片付けがつい面倒になり、「まぁ明日の朝やればいいか」と寝てしまって、翌朝シンクの洗い物を見て、なんとも嫌な気持ちになることがたびたびあったのです。

けれど、これはパフォーマンスを落とし、潜在意識が活性化する朝の大切な時間に嫌な気分を持ち込んでしまう……と反省。ここ数か月は、洗い物はすぐやる習慣をつけました。

試しに夕食後の洗い物にどのくらい時間がかかるのか計ってみたところ、ものの7分ちょっとですべて洗い終えたのです。それなら食後すぐにやってしまい、夜眠る前も朝起きてからも、気分良く過ごせるほうがずいぶんお得じゃないか！　と気づいたわけです。

それでも、今でもいちいち「あぁ、今日も洗い物がすぐにできた。すごいな、ワタシ！」みたいな感じで自画自賛しています。それでも足りずに、今度は夫に「最近さぁ、すぐに洗い物をするようにしてるんだ。えらいよね、私！」と同意まで求める始末（笑）。

あくまでも自分自身を褒めることが大切なので、他人の同意はいらないのですが。

とんでもなくすごいことをしないと自分を褒めてはいけない、と思い込んでいる方が時々いらっしゃいますが、**今日から必ず一日一つ、自分自身をめちゃくちゃ褒めてください**。

ほんの些細なことでも褒める癖をつけると、自信が湧いてきます。声に出して言うのがおすすめですが、ちょっとそれは照れくさい、そんな方は、心の中でしっかり褒めてみてくださいね♡

14
Millionaire Mindset

自分との約束を守る

自分との約束を守る――これは一見、簡単そうですが、継続するには少しコツがいります。その代わり、これを続けて習慣化することで、確実に自信が手に入ります。

人はいとも簡単に自分との約束を破り、そして目標をあきらめてしまうのです。

こんな統計があるそうです。元日に自分で決めた「今年の目標」を、8割以上の人は二月半ばにはもうあきらめてしまう。

「よーし！　今年は毎日筋トレを30分するぞ！」
「今年は毎朝5時半に起きて英会話の勉強をする！」
「今年こそ5kgはやせるぞ！」
「今年は資格を取るために毎日1時間、必ず勉強するぞ！」

一年のうちで、最もやる気に満ちている元日。誰から強要されるわけでもなく、自分のやりたいことを目標にしたはずなのに、わずか1か月と少したつ頃には8割以上の人が「やっぱり自分には無理だった」と、あきらめてしまう。

その結果、「やっぱり自分にはできないんだ」「どうせ目標設定したところで、今回もやれっこない」と、自分に自信を失ってしまうのです。

ならば逆に、自分で決めたことを期限までにやりきることができれば、ものすごい自信がつくことになる。一度自信がつくと、さらに上のステージに挑戦する勇気が出てきます。

どんどん行動ができるようになるのです。

実際、私のクライアント様も9割以上の方は、最初は「自信がありません……」とやってきます。けれど、「自分との約束を守る」、これを徹底してもらうことで、どんどん自信をつけられ、次々に目標を達成し、望んだ未来を手にされています。

守れる目標を立てて　それを守る

自分で決めた目標を達成し、望む未来を手に入れる。あなたも、そうなりたくありませんか？　それは誰にだってできるのです。

ここでポイントとなるのが、「必ず守れる約束をする」こと。コーチングでは「ベビーステップ」と呼んだりします。

「目標を決めましょう！」と言うと、多くの場合、なんとなくその場で浮かんだことを設定します。しかし、大事なのは、それが継続可能なのか、本当にやれるのか、もっと言えば「自分が本当に望んでいる未来につながる目標なのか？」がカギなのです。

「早起きする！」が目標ならば、早起きすることによって自分に何が起きるのか。「早起きして筋トレする！」という目標も、「なんとなく筋トレは身体にいいし、将来のためにもやっておいたほうがいいかなぁ……」、というのではダメなんです。

筋トレすることで、心身が鍛えられる、カッコいいボディになる、憧れていたブランドの服が素敵に着こなせる、自分に自信が持てる、若返る、モテる……と、これくらいは筋トレによって体感できること、さらに得られる感情までを思い描いてほしいんです。「最高にカッコいい私、毎日鏡を見るのが楽しみだな！」とか。

そのうえで、必ず守れる約束を自分とします。

「毎朝5時半に起きて15分筋トレをする」が、必ず毎日守れるならそれでいいです。もし不安なら、「毎朝5時45分に起きて10分筋トレをする。土日は休み」、それもアリです。

私も、「毎日ジムへ行く」というのはどうも守れないなと思ったので、「週に3回はジムへ行く。30分トレーニングをする」という約束を自分としました。

簡単に破ってしまうからこそ、自分との約束は必ず守る。これを徹底してください。どんな目標を設定するかも、十分に考えてくださいね。

15

Millionaire Mindset

他人との約束を守る

「自分との約束を守る」ことができたら、次のワークは「他人との約束を守る」です。

これは自分に自信を持つことと、ともに、あなたの夢の実現や成功にも関係してきます。

尊敬している経営者の方が、「僕は他人との約束は必ず守るようにしています。だから、できない約束は決してしない。社交辞令で『今度、ご飯でも行きましょう』とか、商売やってる子に『そのうち、お店に行くよ』とか言えないから、全然女の子にモテないんだよ」なんて、笑いながらお話ししてくださいました。

私はもともと八方美人で、誰にでも良く思われたくて、何かお誘いやご案内があれば、「今度、行きますね」とお返事をしていました。だから、この経営者様の**「私はできない約束をしない。その代わり約束は必ず守る」**というお話がストンと入ってきたんです。

今の私は「必ず守れる約束しかしない」と決めているので、「行きますね」と言ったら、必ず行くようにしています。

多くの人の「連絡しますね」は　連絡が来ない

先日、ある有名講師の方から「TAEさん、お忙しいと思いますが、コーチングやビジネスのお話をいろいろと聞きたいです。今度ランチでも行きましょう」と言われたんです。「はい、ぜひ行きましょう。予定を見て連絡しますね！」とご返事し、スケジュールを確認して、いただいたご連絡先にメールをしました。

すると、「本当に連絡をくださるなんて、TAEさんって、すごく律儀な方ですね！嬉しいです！」と喜んでくださり、結果として、美味しいフレンチをごちそうになってしまいました。その方いわく、ほとんどの方の「ご連絡しますね！」は、連絡が来ないのだそうです。

また、東京でヘアメイクをしてくださった方に「もうすぐシンガポールへ行くんです」とお話ししたら、「僕の仲の良い友達がシンガポールで美容師をやってるんです。

よかったら行ってあげてください」と言われたので、「そうなんですか！　行きますね！」と連絡先を交換しました。

シンガポールへ来て、その美容院へ行くと、「え！　○○さんからの紹介ですか？　嬉しいな〜、すごくお世話になってるんですよ！」と大変喜んでくださって、とても良くしていただきました。

紹介してくださった東京のヘアメイクさんに、「今日、美容院に行ってきましたよ〜」とメッセージを送ったら、「え‼　本当に行ってくれたんですか‼　めっちゃ嬉しいです！」というご返事が来ました。

こうしたやり取りから、「TAEさんって律儀な方ですね！」「本当に来てくれるなんて感激しました！」と喜んでいただき、そこからお仕事へと発展することも多々あります。

「私はいつでも約束を守れます！」。そう言い切れたら大きな自信になりませんか？

16

Millionaire Mindset

できるふりをする

私がまだ自分に自信が持てず、それでも、「自分の人生をもっと豊かにしたい、好きなことを仕事にして成功したい」と、日々悶々としながら過ごしていた頃、メンターから「できないうちは、できるふりをするのよ」と教えられました。

当時の私にとって、これはとても衝撃的でした。できていないのに、できるふりをするなんて、なんだかバツが悪いような、自分に嘘をついているような気がしたものです。けれど、そこは素直にやってみることにしました。

私のなりたい未来……それは多くの人に勇気や希望を与えられるような、影響力のある存在になりたい、ということ。その人の悩みを解決し、喜んでもらえたら……。

その頃は、スピリチュアルのセッションを細々とやっていたのですが、「いつかは私もメンターのように、たくさんの方に影響を与える存在になりたい」という気持ちが芽生えてきたのです。

そのため、徹底して自分の理想像を思い描き、そうなったつもりで演じることにしました。声の出し方、話し方、姿勢、所作など、メンターをはじめ、憧れの人を真似して、なったふりをしていったのです。誰もいないリビングで一人セミナーを演じてみたり、運転中にぶつぶつと独り言を言ったりして、かなり怪しい人でした（笑）。

最初の頃はそんな自分がとてもこっけいに思え、こんなこと本当に意味があるのかな？　と疑ったこともありました。けれど、「これをやり続ければ、本当に自分がそうなれるのではないか？」と心のどこかで希望を抱いていたのです。

ですから、毎日毎日続けました。一人独演、自分は売れっ子セラピストであるという、なりたいイメージを日々描き、そうなったふりをして過ごしたのです。

理想のイメージが現実になる

この頃からクライアント様も徐々に増え、「TAEさんって、キラキラしていますね！」「ＴＡＥさんと会うと、すごく元気がもらえます！」と言っていただくことも増え、まさに私のイメージしていたことが現実となっていったのです。

今から思えば、これこそが「私の理想のイメージ」が潜在意識に刷り込まれていった結果なのだと思います。

潜在意識は「良い」「悪い」や、「今、実際に起きていること」か「そうでないこと」の区別ができないのです。ですから、**潜在意識に自分の理想像をどんどん刷り込んでいくと、それがいつしか自分のセルフイメージとなり、確固たる自信につながっていくのです。**

「できないうちは、できるふりをする」。これは本当にパワフルなワークです。

最初はちょっと照れてしまうかもしれませんが、でも、どうせ誰もそんなに気にしませんから、自分が俳優、女優になった気持ちで、ぜひあなたのなりたい姿を演じてみてくださいね♡

17
Millionaire Mindset

出会いが人生を豊かに変え、人生を加速させる

人生を望むような未来へ、どんどん加速させる秘訣はいろいろあります。その中でも、私がとても大切にしている黄金ルールがあるんです。それは、

「会いたい!! って思った人には、必ず会いに行く!!」

ということ。いつかタイミングがきたら、とか、いつかお金と時間ができたら、もっと自分に自信がついたら、ではありません。

今すぐ、等身大の私で、会いたいと思った人に会いに行く! わけです。

私の周りの成功者の方を見ていると、皆さん、これを実践されています。

先日驚いたのは、60名もの社員を抱えている経営者様が、ご自身のあるプロジェクトのためにスケジュールを調整し、とある方に会うために海外へ飛んでいかれたこと。

相手も多忙な方で、賞味1~2時間ほどの面談のためにスケジュールを調整し、日本

から飛行機に7時間も乗って出かけていく……。

すごいわ!!　でも、考えてみたら、私の転機はすべて、会いたいと思った人に会いに行ったことがきっかけだったのです。

「会いたい」は潜在意識からのサイン

私にとって大きな転機の一つが、今から8年前にアメリカで行われたスピリチュアルのワークショップに3日間参加したことです。会社員だった私は英語もろくにできず、お金だってわずかな貯金しかありませんでした。

けれど、どうしてもそのワークショップへ行きたい！　講師陣に、実際にお会いしてみたい！　その気持ちがどんどん大きくなり、深く考えずに、貯金をはたいて会いに行きました（英語は猛勉強しましたが）。

ビジネスの転機も、ビジネスの加速も同様です。「会いたいなぁ」って直感で感じるということは、その出会いがあなたに必要だから。それは潜在意識からのサインだと思います。

18
Millionaire Mindset

部屋を綺麗に片付ける

これまで、国内外の成功者のご自宅にたびたびお邪魔する機会がありました。そして感じるのは、

・部屋がモデルルームのように片付いている！
・圧倒的に物が少ない！

ということです。まず散らかっているお宅はありませんし、物が多い家もありません。お部屋全体に明るいパワフルなエネルギーが流れているなぁと感じます。

最近ミニマリストという言葉が流行っていますよね？　物を最小限に抑え、必要な物以外は持たないライフスタイルです。物であふれている現代だからこそ、本当に必

要な物を見極めて、お気に入りの物だけに囲まれて生活する。

以前、メンターが「不要な物は、そこに置いてあるだけで負のエネルギーを出すのよ」と教えてくれました。置いてあるだけで負のエネルギーを出すなんて！　と思いましたが、確かに、ずっと使わずに置いてあるだけの物って、なんだか陰気な感じがするんですよね。


使わない物であふれかえった部屋や収納は、見るだけでうんざりしませんか？　クローゼットや引き出しが衣類でギュウギュウになっていると、もはや自分がどんな服を持っているのかわからなくなって、また同じような服を買ってしまったり。

「クローゼットの2割は空けること！　空間を持つことで、良い流れが運ばれる。生活にスペースを空けなさい」。メンターにそう言われてから、私自身もパンパンだったクローゼットを思い切って整理し、かなり洋服を減らしました。

クローゼットのスペースを空けることで人間関係に良い流れがくる、とも言われています。それを意識し始め、つい増えてしまう洋服は「1着買ったら1着減らす」をご購読ありがとうございました。今後の出版企画の参考に致したいと存じますので、ぜひご意見をお聞かせください。

書籍名

お買い求めの動機

1　書店で見て　　2　新聞広告（紙名　　　　　　　　　　）

3　書評・新刊紹介（掲載紙名　　　　　　　　　　）

4　知人・同僚のすすめ　　5　上司、先生のすすめ　　6　その他

本書の装幀（カバー），デザインなどに関するご感想

1　洒落ていた　　2　めだっていた　　3　タイトルがよい

4　まあまあ　　5　よくない　　6　その他(　　　　　　　　　　)

本書の定価についてご意見をお聞かせください

1　高い　　2　安い　　3　手ごろ　　4　その他(　　　　　　　　　　)

本書についてご意見をお聞かせください

どんな出版をご希望ですか（著者、テーマなど）

郵便はがき

料金受取人払郵便

牛込局承認

9410

差出有効期間
2021年10月31
日まで
切手はいりません

162-8790

東京都新宿区矢来町114番地
神楽坂高橋ビル5F

株式会社ビジネス社

愛読者係 行

ご住所 〒 TEL: ( ) FAX: ( )			
フリガナ お名前		年齢	性別 男・女
ご職業	メールアドレスまたはFAX メールまたはFAXによる新刊案内をご希望の方は、ご記入下さい。		
お買い上げ日・書店名 年 月 日	市区 町村		書店

実践するようになってから、以前より格段に良いご縁に恵まれるようになり、引き寄せも加速しています。

不要な物を処分すると　引き寄せが加速する

長年、婚活をされていたけれど、なかなか良い方と巡り合えなかったクライアント様がいました。ところが、この方が徹底して物の整理をしたところ（過去の思い出の品も、思い切ってだいぶ処分されたそうです）、素敵なパートナーが見つかり、出会って数か月で幸せな結婚をされました。

また、片付けられないことが長年の悩みだった主婦の方が、一大決心をしてトラック一台分ほどの物を処分したところ、想像もできなかった人と出会ったり、やってみたかった仕事が次々と舞い込んでくるといった幸運に恵まれました。外見もものすごく美しく輝かれて、出会った頃より格段にステージを上げていらっしゃいます。

物を減らしていくと、本当に良いことが連鎖して起こるのです。

「最近、なんだか停滞していて」「売上が思うように上がらなくて」といったご相談を受けると、私は迷うことなく、「今一番気になっている場所の整理をしましょう！」とお伝えしています。

不要な物の処分をされた方は、その後、100パーセント良い流れがやってきます。「臨時収入がありました！」とか「契約が決まりました！」など、嬉しいご報告をたびたびいただきます。

「部屋の乱れは心の乱れ」とも言えます。ですから逆に、部屋を綺麗にすると心も整う。心が整えば思考も整理され、パフォーマンスが上がる。常に良い気分でいられるから、引き寄せも加速する。このように良い循環が起こるのです。

いらないものは今すぐ処分する！　これを徹底するだけで、確実にあなたの運気は上がります♡

Millionaire mindset

chapter 3

お金も愛も引き寄せるマインドセット

人生を豊かにし、
成功をもたらす
秘訣をお教えします！

19

Millionaire Mindset

「お金大好き」と明るく堂々と言う

「愛とお金、どっちが大事だと思う？」という質問をされたことがあります。きっとあなたも聞かれたことがあるのではないでしょうか。

当時の私は誰にでも良い顔をする典型的な八方美人だったので、「もちろん愛が大事！　愛があればお金なんていらないでしょう！」なんて、思ってもいないことを言っていました。

今なら迷わずにこう言います。

「愛もお金もどちらも大事。愛もお金も、どちらも私は手に入れるから」

少なくとも今まで私がかかわってきた方は全員、「愛もお金もどちらも欲しい」と思っています。けれど、日本人はどうも「お金」のことになると、正直になるのが苦手のようです。お金が欲しい、もっと稼ぎたい、お金持ちになりたい、豊かになりたい、こう口にするのをためらう方が多いですね。

親から「お金、お金、と言うのはみっともない」と言われてきた方も多いのではないでしょうか？　私自身も、親からそう言われて育ちました。

お金の不安を手放す

以前の私は「お金がない」としょっちゅう言っていましたし、夫が起業のためにさまざまな投資（起業塾や高額な教材など）をすることに対しても、お金がなくなるとぶうぶう文句を言っていたんです。当時はお金がなくなることが不安でなりませんでした。

ところが、ふっとあるとき、メッセージを受け取りました。

それは**「愛とお金は、どちらも同じエネルギーである。お金は感謝のエネルギーに引き寄せられる。あるもの、あること、今あるものにとにかく感謝をして過ごすこと」**というものでした。

愛もお金も同じなんだ！　そう思った瞬間から、「お金を愛《め》でよう、お金大好き」

って堂々と言えるようになりました。

「お金大好き」と言えるようになってから、私の金運はぐんぐん上がっています。私のクライアント様には常に、「お金好き！　って明るく堂々と言ったほうがいいですよ！」と伝えています。

「当たり前」を「ありがたい」に

お金にまつわるメッセージを受け取ってから、私は気持ちを切り替えて、とにかくあるもの、今置かれている環境、置かれている状況すべてに、丁寧に感謝をしました。「当たり前」を「ありがたい」に置き換えていったのです。

今では無意識に行っていますが、朝目が覚めてありがたい、身体がすべて動いてくれてありがたい、朝日が昇ってありがたい、お水が蛇口から出てありがたいと、こんなふうに日常を「ありがたい」で埋め尽くしていきます。そうすると自分が良いエネルギーで満ちていくのが実感できますし、常に充足感で満たされるようになります。オセロの黒をすべて白にしていく感じ、と言えばわかりやすいでしょうか。

これを逆に、「当たり前」で埋め尽くしてしまうと、日常は不満だらけになるでしょう。ちょっとしたことでイライラしたり、こんなはずじゃなかった、私ばかりなんでだろう……など、そうした負のエネルギーを自分から発してしまうのです。

日々の日常生活を「ありがたい♡」で満たしてみてください。できれば口に出して言ってみましょう。私は一時期、これを「ありがたい教」と呼んで、何かしてもらったら「ありがたい、ありがたい」と言っていました。友人は「TAEちゃん、なんだかうちのおばあちゃんみたいだわ！」と笑っていましたが（笑）。

日常を感謝のエネルギーで満たしていると、「あれ？　こんなところに？」と忘れていた貯金があったり、臨時収入があったり、そして夫のビジネスもどんどん加速して、いつの間にやら収入がどんどん上がって、良いことが続いていったのです。

思考を少し変えるだけで、日常は素晴らしく幸せに満ちあふれたものになります。

今日から、「ありがたい♡」を口癖にしてみてくださいね。もちろん笑顔も忘れずに。

20

Millionaire Mindset

「お金がない」と言うのをやめる

お金を引き寄せるために、今すぐにやめてほしいNGワードがあります。それは「お金がない」です。今日から「お金がない」は、あなたの脳から削除してください。それくらい、この**「お金がない」という言葉は、強烈に「お金がない」という状況を引き寄せてしまうのです**。

今、お財布に百円も入っていない、という方はいらっしゃらないでしょう。自分の物差しでお金がある、ないを決めず、「今あるもの」に目を向け感謝の気持ちを持つ。これだけで、お金の流れはグーンと良くなります。

お金が出ていくときにHAPPYなエネルギーを感じる

それともう一つ、私がいつも意識していることは、お金を払うときに、ネガティブなエネルギーを出さない、ということです。

お金をもらうとき、お金が手元に入ってくるときは、当然、嬉しいですよね？　例えば、毎月の給料明細を見る瞬間。私は会社員だった頃、お給料日にはなんだかワクワクしていました。

ちょっと頑張って残業が多かった月には、普段より多い金額を見て、「お！　今月はいつもより多いぞ！　これで美味しいものを食べに行こう♪」、なーんてほくそ笑んだりしていました。

そうして、お給料を引き出してお財布に入れる瞬間はとてもＨＡＰＰＹなのですが、お財布からお金が出ていくたびに、切ない、悲しい、あぁ、お金がまた減っていく……と、ブルーな気分になったものです。欲しい洋服を買ったのに、支払いのときが切ない。カードの支払明細がくると切ない。お金が減ることに、不安や焦りを感じていました。

でも、あるとき、この考え方が間違いなんだ、この考え方はいけない!!　と気づいたのです。

だって、欲しかったものを手に入れ、その対価として、お金を払うんですから。欲しかった素敵な洋服、性能のいいパソコン、ずっと行ってみたかった美味しいレストラン、リラックスするための旅行――それによって、喜び、幸せな気分になり、満たされ、充実感を得るのです。それなら、お金を払うときに切なくなる、不安になるのではなく、喜びのエネルギー、HAPPYなエネルギーを出しながら支払いましょう。

私は一時期、レジでお金を支払うときに「ありがとう♡」とお金に伝えていました。今では言葉には出さないけれど、**お金には「ありがとう、幸せ」のエネルギーを伝えながら支払うようにしています。**クレジットカードを渡す際も同じです。お金が出ていくときにこそ、HAPPYなエネルギーを感じてください。

お金は幸せなエネルギーが大好きです。そしてお金は笑顔が好き。お金は笑顔あふれるところにやってきますよ♡

21
Millionaire Mindset

直感を信じて行動する

直感を大切にする、これも私が日々意識していることです。自分の直感を信じて行動することが、引き寄せを加速し、望む人生へと変わる秘訣だと思います。

直感は目には見えませんが、さまざまな場面であなたの元へやってきているのです。

例えば、シャワーを浴びているときやホームで電車を待っているとき、無意識でいるときに、突然何かイメージやメッセージが降ってくるような感覚がないでしょうか？

あの人元気かな？　と懐かしい顔がふと浮かんだり、今抱えている問題はあの人に相談してみよう！　と思いついたり、新商品のアイディアが突然浮かんだり……。

このように無意識でいるとき、私たちはさまざまなメッセージを受け取っています。

そうしたメッセージの中で、良さそうだな！　楽しそう！　と思うことは、ぜひやってみてください。**なんの根拠もないけれど、「うまくいきそう！」という感覚は、物**

事がうまくいくサインです。

情報を遮断して　五感を研ぎ澄ます

直感力を上げるには、五感を研ぎ澄ますことが最も大切です。現代は、とにかくたくさんの情報にあふれています。インターネットでは世界中のニュースやゴシップが大量に流れ、街を歩けば商品や広告、宣伝の洪水です。こうしたさまざまな情報が私たちの五感を刺激して、ともすれば影響を受けてしまいます。こうなると、自分が本当に望むものが見えにくくなる。

だからこそ、自分が本当に望むものはなんだろう？　自分は何を大切にしていきたいのだろう？　と、日々自分に問いかけることが大切です。なんとなく流されているように生きていると、意識があれこれ散漫になり、直感も鈍ります。

反対に、**自分の望む未来、夢や目標、生きる指針が明確であれば、必要な情報だけが入ってくるようになります。**直感力を磨くためにも、自分の五感をしっかり意識する。そして、自分が今必要としているもの、必要ではないものをはっきりさせておく。

あふれる情報を、自分なりにシャットアウトすることも必要です。「デジタルデトックス」という言葉がありますが、ときにデジタル機器からの情報をシャットアウトすることは、五感を研ぎ澄まし、直感力を磨くためにはとても効果があるのです。

成功者のほとんどが家にテレビを持たない（持っていても見ない）のは、不必要な情報を入れないためなのです。私も昔からテレビは苦手で、ドラマもまったく見ませんでした。娘が生まれて1年ほどは、朝の幼児向け番組を見ることはあっても、ニュースやドラマを見ることはやはりありませんでした。

クライアント様と話していると、流行りのドラマやCM、タレントさんなどを、私があまりに知らないので驚かれることがあります。そんなときは、ネットでチェックするようにしています。テレビは五感が鈍る気がするので、我が家では相変わらず見ない生活ですが、それで特に不自由はありません。

あふれすぎる情報を意図的にシャットアウトしてみるのも、直感を磨くためにはおすすめです。

22

Millionaire Mindset

あなたの中にある欲を大切にする

成功者って、もう半端なく欲があります。

「欲がある」って言うと、大半の方はなんだか嫌な感じがして、胸がざわつくかもしれません。実は私もそうでした。もともとめっちゃ欲深いオンナなのですが（笑）。

でも、「私は欲があります！」と言うのは図々しいというか、ガメツイような嫌なイメージがありますよね。だから、昔は欲深さを隠していました。まさに腹黒い！

でも、今は違います♪ **堂々と、清々しく、めっちゃ心の底から明るく、「私って、欲深いオンナなんです♪」とさわやかに言ってます。**

だって、欲を持つことは超大切だからです。私の知っている幸せな成功者は、皆さん、この「欲」が超強いのです！ 欲＝原動力なのですよ〜‼

自分の欲を　素直に認める

尊敬する女性経営者の方が、こんなことを教えてくれました。

「欲を持ちなさい、欲のない人生は本当につまらない。欲があるからこそ一生懸命努力もできる。欲があるからこそ成長できます。常に欲望を持ち続けること。それを、私はずっと原動力にしてきたのです」

この言葉がとても響きました。私はこの言葉に出会ってから、自分の中にある欲を素直に認め、意識するようにしています。

私の場合、欲がないときって、なんだか調子が悪い……。欲は、私が日々元気でイキイキと、パワフルに生活するためのバロメーターなんです。欲＝悪いものではなくって、欲＝人生をイキイキと楽しく送るためのエッセンス、なんだと思います♡

私は素直に、お金持ちになるぞ♡　幸せなお金持ちになって豊かな人生を送る！

そうして、同じように、幸せなお金持ちで豊かな人生を送る仲間をたくさんつくる!!

そう決めて、自分の思考に注意を払い、その願いを自分の言葉にしてどんどん発し、できることをやってきました。そうすることで、夢がどんどん叶っていったのです。あぁ、欲望にはとことん素直になることが大切なんだな、どんな欲だって素直に認めて、受け入れていこう！　そう決めたのです。

だから、あなたも自分の欲に素直になってほしいし、言葉に出せばいい！　それで引かれてしまうような人とは、付き合わなければいいのです。

それに、欲といっても、お金持ちになりたい、高級車に乗りたい、ブランドが欲しい……といった目に見える欲だけではなく、家族とゆったり過ごしたい、一人の時間をたくさん持ちたい、趣味の仲間をたくさんつくりたい、素敵な家庭を持ちたい……というのも欲です。

人それぞれに持っている欲は違うし、叶えたい夢だって違うんです。大切なことは、自分の持っている欲望を素直に認め、受け入れ、そしてその欲望を愛することだと思います。

あなたの欲望を現実にしていきましょう♡

23
Millionaire Mindset

欲しいものにフォーカスする

何かを強く意識したとたんに、それが次々に目に入るという経験をされたことはありませんか？　例えば、白いベンツが欲しいな、と思ったとたんに、道路を白いベンツが次々と走っていくのが目に入る。新しいルイヴィトンのお財布を買いたいな、と思ったとたん、やたらとルイヴィトンのお財布を持っている方が目につく。

私の場合、「あぁ、やっぱり白いベンツが私に〝買って〟と言ってるのね♡」「私にはヴィトンのお財布が合うんだわ♡」と、自分に都合良く意味づけしたりしますが、車、バッグ、洋服などの物質だけではなく、求めている情報や会いたいと思っていた人とばったり！　など、自分が意識を向けたものが、思わぬタイミングで引き寄せられてくることが、あなたにもあるでしょう。

引き寄せを加速させるには、自分が何に意識をフォーカスして過ごすのかが重要なのです。

パートナーが欲しいかも……と思ったら、案外近くに素敵な彼がいた！　灯台下暗しというのはよくある話です。最近全然イイ男いないよねぇ〜って友達同士で言っている間は、決してイイ男は現れません（過去の私がそうでした。〈笑〉）。

イイ男ってめっちゃいる!!　世の中イイ男だらけで困っちゃうっ！　私が出会う人、みんなイイ男ですっ！　そう言っていると素敵な男性と出会えますよ♡

「世の中イケメンばかり」と思えば　イケメンに出会える

ところで、「TAEさんはいつもイケメンとばかりいる！」とよく言われます。幸せなことに、クライアント様をはじめ、一緒にお仕事をさせていただく方々もイケメンが多いのです。

つい先日は、ある俳優さんにコーチングセッションをさせていただいたのですが、スラリと高身長でさわやかな笑顔。そして素直で、とても礼儀正しい青年でした。いやー、最近は、外見はもちろん、中身まで本当に素敵なイケメンが多いなぁ！　と感動。

「どうやら私はイケメンを引き寄せるらしい」と実感してからは、いたるところでイケメンに遭遇します。カフェの店員さん、駅の車掌さん、たまたま道を尋ねたパーソナルトレーナー、それについ先日乗ったタクシーの運転手さんが竹野内豊さんにそっくりで驚きました！　あんまり似てるので、二度見どころか三度見してしまいました！

私のミッションの一つは、「サムライ魂を持つイイ男を日本に増やす！　外見も中身もカッコいいイケメンを増やし、日本の国力を上げる！」なのです。ですから、中身もオトコマエなイケメンに出会えるとめちゃ喜びます♡

これね、「世の中イケメンばかり」と意識を向けたとたんに、どんどん出会えますから。

逆に、「本当にいい男なんてどこにもいないわ」と意識したとたん、永遠にいい男とは出会えないから不思議なものです。

パートナーでもビジネスでも、なんでもそうなんです。とにかく意識をフォーカスしたとたん、急に視界に入ってくる。急に情報が入ってくるんです。

そのためにも、自分が何を求めているのか？　どこを目指しているのか？　どんな人生を送りたいのか？　これを明確にすることが大切です。

ネガティブな情報にフォーカスしたり、苦手な人のことをいつも考えていると、その状況を見事に引き寄せます。本当に思考ってパワフルですよね。

あなたの求めているものや状況に、どんどんスポットライトを当ててフォーカスしましょう。そして、望まないものや状況にはシャッターを降ろしていきましょう。

24

Millionaire Mindset

小さな引き寄せを思い切り楽しむ

「引き寄せ」と言うと、何かとてつもなく大きなものや状況を引き寄せることだと考えている方が少なくありません。価値観は人それぞれなので、これが正解というのはないのですが、**私が数年前から実践しているのは、日常の小さな引き寄せを心から喜び、楽しみ、祝うことです。**

日常を笑顔と喜びで満たしていけば、さらに喜びや幸せがどんどん流れるようにやってきますよ！

例えば、「今日は笑顔いっぱいで、一日をＨＡＰＰＹに過ごしたいなぁ」と思っていたら、朝、マンションの掃除の方が満面の笑顔で挨拶してくれて、立ち話でほっこり笑顔に♡　「お値打ちな美味しいランチを食べたい！」と思っていたら、今日、初めて入ったお店の定食が、今まで食べたどこのよりも美味しかった！　とか。

他にも、欲しいと思っていた白いワンピースを見つける、娘の習い事に関する情報が耳に入る、ふと大好きな曲がかかる、行きたいと思っていたレストランの情報がラジオで流れる！　などなど。もう数え切れないくらい、自分が求めていたもの、情報、人が、自然に手に入ることってありますよね？　私はそれを「当たり前」と思わずに、「わぁ、嬉しいっ！　ナイスタイミング！」といちいち喜ぶようにしています。

日常生活で起きる小さな引き寄せを、常に喜び、愛でてください。こうすることで、あなたの潜在意識には、「常に自分の元へ、望む引き寄せがやってくる！」とインプットされていきます。

潜在意識は物事の大小の区別がつかないので、小さな引き寄せを思い切り楽しむことは自信につながりますし、良いエネルギーがあなたから放出されます。するとよ、より大きな引き寄せがあなたの元へとやってきます。

25
Millionaire Mindset

お得な「ランチセット」で妥協しない

引き寄せの本を読んだりセミナーに行ったりしているけれど、なかなか思うようにいかないというご相談には、私はまず食べることを意識して、「自分が本当に食べたいものを、毎日引き寄せてみてください」とお伝えしています。

実は私、美味しいものを食べることが大好きで、何を食べるにしても、「なんとなくこれでいいか」という選択はしないのです。外食するなら、絶対に自分が今一番食べたいもの、それも美味しいお店！　と決めています。妥協はしません。食事を楽しめるのは健康な証拠ですし、何より美味しいものを食べると幸せな気分になれます。

数年前、あるセミナーに参加しました。そのとき登壇された著名なコンサルタントの方が、「いつも自分が本当に腹の底から食べたいと思うものを食べるようにしている。それが自分の直感を研ぎ澄ましてくれ、妥協のない人生を歩む秘訣だ。もし、行った店に食べたいと思うものがなければ、出て他を探すし、それでも見つからなければ、そのときはご飯は食べない」と話されたのを聞いて、すごく共感しました。

普段の生活からして、「妥協はしない。本当に望むものを常に手に入れる」という姿勢が大切なんですね。

そして、引き寄せを遠ざけてしまう口癖や思考があることに気づきました。

それは、「まぁ、いっか」「とりあえず、この程度で我慢しとくか」という妥協です。

本当に食べたいものを食べる

身近な食がとてもわかりやすいと思いますので、また食事を例に説明します。

ランチタイムになり、今日はお気に入りのあのお店でチーズハンバーグが食べたい!! と思ってお目当ての店に向かうと、長蛇の列ができてます。

そこで、「こんなに並んでるなら、隣のトンカツ屋でいいや」と、本当はチーズハンバーグがものすごく食べたかったのに、トンカツですましてしまう。

次に、メニューを例に考えてみましょう。
ランチセットは、Aランチ、Bランチ、Cランチと3種類ありますが、本当はセットに入っていないものが食べたい。けど、ランチセットはサラダとドリンクがついてくるしなぁ。お得感があるよな。……まぁ、いっか。

本当は他に食べたいものがあるにもかかわらず、「お得感があるから」という理由でランチセットにしてしまう。以前の私は、間違いなく、そういう選択をしていました。

食は、引き寄せがとても身近にできるものです。自分が本当は何を食べたいのか？を問いかけ、その「今一番食べたいもの」を叶えてあげることが、とても簡単に実現できます。

けれど、いつも「混んでるから」「安いから」といった理由で妥協を続けていると、「私は本当に望んでいるものが手に入らないんだ」と潜在意識に刻まれてしまいます。たかがランチ、されどランチなんです。

私はコンサルタントの先生のお話を聞いて以来、食べたいものには一切妥協をしなくなりました。とても小さなことなのですが、続けているうちに「食べたい！」と思うものがすぐに浮かび、抜群に美味しいお店が簡単に見つかるようになりました。

もちろん、スケジュールが詰まっていて、ゆっくりお昼の時間がとれなかったり、今日はこれですまそう、というときもあるでしょう。ですが、いつもそうやって妥協を続けていると、だんだんと他のことに対しても、「まぁいっか、このくらいでいっか」と妥協してしまうことになります。

身近なランチタイムを使って、自分の本当に望むもの（食べたいもの）にフォーカスを向けるトレーニングをしてみましょう。**自分が本当に食べたいものを食べる。それは、自分が本当に望んでいるものを手に入れることにつながります。**

引き寄せを加速していくためには、ときにはトレーニングも必要です。それを積み重ねることで、「引き寄せ、できてるなぁ！」という自信にもつながっていくのです。

26
Millionaire Mindset

即断、即決、即行動

私が人生で非常に大切にしているマインドセットの一つが、この「即断、即決、即行動」です。

世界中を旅しながら、常に好きな人、好きなものだけに囲まれ、自由を謳歌している実業家の方に、「成功の秘訣を一つだけ教えてと言われたら、どうお答えになりますか？」とお聞きしました。

その方はこうおっしゃいました。

「即断、即決、即行動。とにかくこれにつきるわね」と。

その方は友人と食事をしていても、ふとアイディアが湧いたら、その場ですぐに秘書やスタッフに連絡を取り、指示を出すそうです。すぐにやるから、確実にチャンスをものにできる。あとでやるというのはナンセンスだとおっしゃっていました。

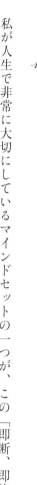

また、一般の会社員から、現在では年商10億を超える企業の経営者になられた方に、その秘訣をうかがったところ、「なんでも5秒以内に決める」とおっしゃっていました。5秒以上時間がかかるときは、自分の直感力が鈍っているという目安になるそうです。

自分の望む未来が明確ならば迷うことはないし、ぐだぐだ悩んでも、結局行動しなければ何も始まらない。悩むなら、行動しながら悩めばいい。

思考停止して行動が止まることは、非常にもったいないと思います。

即断即決できると年収もアップする

脳科学者・苫米地英人さんの著書『あなたの収入が必ず増える!! 即断即決「脳」のつくり方』（ゴマブックス）には、即断即決できると時間も有意義に使え、生涯収入まで増えると書かれていて、心から共感しました。

もちろん、ときには立ち止まってじっくり考えることも必要です。それでも、私の周りの成功者は皆さん、圧倒的に「即断、即決、即行動」マインドの方ばかりです。

それだけ、ご自分が何を求めているのかが常に明確で、直感も冴えているんだと思います。**自分がフォーカスを向けるものが明確であれば、悩む時間などなく、どんどん突き進んでいけるのです。**

27

Millionaire Mindset

無理をしても、体験してみる

7年前に、新婚旅行で初めてビジネスクラスに乗り、ハワイへ行きました。

いつかはビジネスクラスで海外へ行きたい、というのが私の夢だったのです。せっかくの新婚旅行だからと、そのときは清水の舞台から飛び降りるつもりでチケットを買いました。初めて乗るビジネスクラスは想像以上に快適で、私はそのときに「これから海外旅行はビジネスクラスしか乗らない」と決め、夫にそう伝えたのです。そのくらいの感動がありました。

そして、翌年のハワイは憧れだったカハラホテルに宿泊しました。2泊したのですが、その満ち足りた気分と感動は今でもはっきり覚えています。ワイキキの喧騒から離れ、カハラにはゆったりとした心地良い時間が流れていました。

憧れだったビジネスクラスとカハラホテルを経験した私は、次はカハラに全泊したい、と夫に伝えました。体感することでイメージは確固たるものになり、その感動もしっかりと刻み込まれたので、私は寝室のビジョンボードにハワイの写真を貼り、カハラの静かな海岸や、清潔で明るい光に満ちたホテルで、楽しく過ごす私たちの姿をイメージしながら、毎晩、幸せな気分で眠りにつきました。

今では毎年、年に2回のペースでハワイに行き、一〇日ほどステイ。カハラホテルのスタッフさんとは顔なじみになり、訪れると「ハロー、TAE、お帰り！」と迎えてくれます。

あのとき、**「清水の舞台から飛び降りるつもりで」した体験が、今の私をつくってくれたのです。**

欲しいものがあるなら　体験してみる

男性のクライアント様は車好きな方が多く、よく「いつかは憧れの〇〇に乗りたい」とおっしゃいます。

「その車を運転したことありますか？」とお聞きすると、答えはほぼNOです。

そんなとき、私は必ずこう言います。

「では週末に、ぜひその車に試乗してきてください。そして感想を教えてくださいね」と。

そして、実際に憧れの車に試乗された皆さんは、そこから必ずビジネスが加速します。スイッチが入るんでしょうね。「俄然、モチベーションが上がりました！」と、先日もある起業家さんが笑顔で話してくださいました。


夢を引き寄せるには、とにかくイメージ力を上げること。イメージ力を育てて、鍛えることが大切です。自分の欲しいものや、なりたい姿をどれだけリアルにイメージできるかがカギなのです。**欲しいもの、欲しい世界はあるけれど、いまいちイメージができない、というのなら、まずはイメージをつかめるシチュエーションに実際に身を置いてみることが早道です。**

素敵なお家に住みたい！　というなら、インターネットであれこれ検索するのも良いですが、実際に住宅展示場へ足を運び、新しい家の空気を感じるとか、間取りを見て歩き、こんな家に住んだら自分はどんな気持ちになるだろう、ここにはこんな家具を置いて、週末は友人を呼んで……と、具体的にイメージしてみることをおすすめします。

現実的な心配はナシで　イメージを楽しむ

もう一つ大切なことは、心から喜び、心から望むことにフォーカスすること。

それが叶ったら、どれだけ幸せな気持ちになる？

それが叶ったら、どんなに嬉しくてワクワクするだろう？

その先には、どんなに素晴らしい未来が待っているんだろう？

私は、本当にそれが叶ったら……。

大興奮っっっ!!　踊りだしちゃう！　感動のあまり涙が出そう！　胸がいっぱいになっちゃう！

これくらいイメージをふくらませて、臨場感いっぱいに叶った！　をイメージしてください。そこになんの制約もいりません。今「ない」ものに目を向けないことです。

もし、イメージをしている途中で不安が出てきても、それはそうなったときに考えればいいんです。例えば……、

ベンツに乗りたい！　ベンツでドライブなんて、めっちゃワクワクする♪　助手席には素敵な彼女を乗せて、彼女が好きなＢＧＭをかけて、さわやかな季節に軽井沢へ行って、美味しいレストランで食事して、楽しいだろうな……。

そんなとき、ふと、

……あ、だけど、ベンツの税金って、今よりずいぶんと高いよなぁ。
それに、ベンツはハイオクだし、燃費も今の車よりかなり悪いよなぁ……。
だいたい、ちょっとこすったりしたら修理代もすごそうだしなぁ。うーん……。

って、こういうのはナシですよ～（笑）。それは叶ってから心配すればよし！
心配とか不安とか、そういうのはナシで、**まずは本当に望む場面だけをリアルにイメージして、思い切り楽しんじゃいましょう♡**

28

Millionaire Mindset

遠慮するのをやめてみる

「遠慮をしない」、これも豊かさと愛に満ちた幸せな人生を、あなたの元へ引き寄せる大切な秘訣です。

今でこそこんなに度胸があり、鋼のメンタル、ブルドーザー並みの行動力と言われている私ですが、信じられないかもしれませんけど、ものすごく遠慮がちな女性だったのです！（笑）

今自分で書いていて思わず吹き出してしまいますが、とにかく他人の顔色をうかがい、こんなこと聞いたら悪いかなぁ、こんなお願いしたら図々しいかなぁ、ここで手を上げたら出しゃばりかなぁ……と、とにかく何かにつけ遠慮遠慮遠慮の塊でした。

けれど、セルフイメージが変わり、自分に自信が持てるようになって、人は思ったような人間になれる、自分が思った通りの人生になるんだ！　と確信を持てるようになってからは、過去の古い思い込み＝過去の自分がどんどん書き換えられていきました。

「最高の人生を送り、成功したいなら、遠慮なんてしてはいけない。いつでも自分の想いを伝え、素直に行動に移すことが大切だ」

あるパーティーでご一緒させていただいた経営者様がおっしゃった、「遠慮なんてするな」という言葉は、私のマインドセットに強烈に刻み込まれました。

遠慮を乗り越えて　著名な先生とお近づきに

「遠慮するな」というマインドセットがいかに大切か、実感した出来事があります。

数年前、とても尊敬している先生のセミナーに参加し、その後に懇親会がありました。私は先生と直接お話をしたいとタイミングを見計らっていたのですが、やはりお話をしたい方が代わる代わる先生を囲んで、なかなかチャンスがありません。

こういうとき、昔の私なら、「ずっと人がいるし、話し込まれているし、邪魔しちゃ悪いなぁ。私は先生と一度もお会いしたことないし、親しそうな人たちと楽しまれているから、今日はまぁ、いいか……」と、きっと先生を遠目で見ながら、うらやましそうにしていたでしょう。

でも、そのとき「遠慮するな！」の言葉が浮かび、私は思い切って先生に話しかけに行きました。

「今日のセミナーとても素晴らしかったです！　とても勉強になりました。ありがとうございました」

「ありがとう！　どこが良かった？」

と先生は快く私の話に耳を傾けてくださり、会話が弾みました。勢いにのった私は、「いつもＦａｃｅｂｏｏｋ拝見しています。ぜひお友達リクエストを送らせていただきたいので、承認してください」

とお願いしたのです。すると申し訳なさそうに、

「ごめんね、Ｆａｃｅｂｏｏｋはもう上限の５０００人になっちゃってるんだ」

とのお返事。ガーン、一瞬ひるみました。でも私はフォローではなく、直接お友達としてつながっていただきたかったんですね。それで、今考えると本当によく言った

なぁ、と思うのですが、

「そうなんですか……。でも、5000人の中にはきっとまったく絡んでいない方もいらっしゃいますよね？　一人外していただいて、私を入れてくださいませんか？」

「君、面白いこと言うね！　OK、今一人外そう！」

と先生はその場でお友達を一人解除してくださり、私をすぐに承認してくださったのです。そこから何かと気にかけてくださり、その後、プライベートでも親しくしていただいております。


また別の先生ですが、つい最近も、メディアに多数出演され、ベストセラーも出されている方の考えに大変共感し、Facebookのお友達リクエストとともに、メッセージを送りました。

すると、返信が来たのです。あまりに驚いて夫に話すと、「それ、本人じゃなくってスタッフがメールしてるんじゃない？」と言われたのですが、そこからメッセージのやり取りはしばらく続いて、「やっぱり本人だ!!」と夫と驚きました。

私たちはいろんなところで、「他人がこう思うのではないか」とか、「こう捉えるだろう」と考えて、勝手に遠慮をしています。けれど、私は、その自分の勝手な思い込みによる「遠慮」で、人生すごく損をするな、と思うんです。

事実、私が勇気を出してコンタクトをとった著名なお二人とも、気楽に返事をくださったり、プライベートでも仲良くしてくださったりするのです。

皆さんもぜひ、おかしな遠慮はやめて、自分の気持ちに素直になり、そして行動に移してみてください。それが、望む未来を引き寄せる秘訣なのです。

29

Millionaire Mindset

切り替え上手は、人生を幸せに豊かにする

何か嫌な気持ちになったとき、その気持ちをしっかりと抱きしめて味わうのも大切ですが、嫌な気持ちをずっと引きずりたくはないですよね。イライラして、ずっとそのままでいると、1ミリも良いことは起きません。むしろ嫌なことが立て続けに起きたりするのです。

だったら、その嫌な感情もしっかりと、けれどサクッと味わい、サクッと手放す！

「気持ちの切り替え上手」は人生を制します。

私は、例えば他人に嫌な気持ちにさせられたら、その気持ちを切り替えるために、意識してものすごく丁寧に過ごします。お店のスタッフの方に丁寧にお礼を伝えたり、所作を丁寧にしたり、にこやかにしたり。

そこで八つ当たりすると、もう最悪。自分が負のオーラ満載になるんです。だから、

嫌な気持ちは意識して、そこで終わらせます。負の連鎖を食い止めるのです。

まずは深呼吸して、丁寧に丁寧に過ごす。そして、とにかく笑顔で笑顔で過ごす。場合によっては、ゴミを拾ったり、公共のトイレをさっと拭いたり、通りすがりの神社へ立ち寄ったりもします。

すぐにできる、気持ちの切り替えの処方箋を、いくつか持っておくといいですよね。

塩対応には　砂糖対応で♡

嫌な気持ちになるとき、たいていは他人とのコミュニケーションで起きたアクシデントがきっかけですよね。少し前のことですが、お仕事関係の会食の席で、ある方からとても気分が悪くなるような、なんだかヒドイ扱いを受けました。以前、流行った言い方をすると「塩対応」ってやつですね。

初めてお会いする方なので、まずはご挨拶したのですが、なぜか無視。聞こえていないようなそぶりをされていましたが、聞こえてないわけがない近距離でした。

お料理を取っていただいた際に、お礼を伝えてもなぜか私とは目を合わさない（他の方とは談笑されていました）。なぜか私が発する言葉のある部分だけを切り取り、「ひどいですよね～、○○さん」と他の方にふる。もちろん初対面なので、私が先に何かしたわけではありません。

その方は私のことを、第一印象でなんか気にいらないなって感じたのかもしれません。でも、プライベートではなく、ビジネスの会食の席です。普通に考えたら、やはりおかしいよなぁって思います。近年経験したことのない断然の塩対応っぷりに、さすがに戸惑いました。

さて、では私がその感じの悪い方の塩対応に、どう反応したかと言いますと……。

めっちゃ砂糖対応をしました♡（砂糖対応って言葉があるのかは不明ですが）。それも、「大さじ山盛り3杯砂糖」くらいの勢いで、帰り際にはその方の目の前まで歩み寄り、「今日は楽しい時間をありがとうございました」って、満面の笑みでお伝えしてみましたよ。

「私女優だ」と、もちろん、ここも自画自賛する大切なポイントです（笑）。

その方は最後の最後まで私と目を合わさず、そのときでさえ、会釈を返されただけでしたけど。

こんな話をすると、「それはTAEさんだからできるんですよ～。私だったら腹が立ってなんか言っちゃうか、こっちも無視しちゃいます！」と言われることも多々ありますが、私も聖人ではありませんから、当然ですが気分は悪かったです。

けれど、こういうときに、じゃあなんでそんな感じ悪いのよ⁉　しかも楽しいはずの食事の席で！　しかも私にだけ‼　ってぷんすかして、イライラして腹を立てるのは、その塩対応された方と同じエネルギーの中に入るってことなんです。

その塩対応された方のエネルギーに飲まれて、自分もその人と同じエネルギーに調和してしまうってこと、その相手と同じステージに立ってしまうってことなんです。それはあまりにもくだらない。

このとき良かったなと思ったのは、**コーチングを学んだおかげで、何か望まない状況になっても、冷静に「俯瞰《ふかん》する」という習慣がついていたこと**。昔の私だったら、間違いなく「私、あなたに何かしましたか？　気分を害するようなことしていたら、お詫びいたしますけど？」くらい言っていたかもしれません（笑）。
今は、もちろんそんなこと言いません。満面の笑みで接することにしています♡

Millionaire mindset

chapter 4

チャンスの女神に愛される人になる！

宇宙に応援される“徳積み”で、
運気を一気に
上げましょう

30

Millionaire Mindset

運から愛される人になる5つのポイント

運から愛されるために必要なことはなんだと思いますか。それは、**「私はいつも運から愛されている！」、そう信じることです！**

信じ切ること、そして言い切っちゃうことって、ものすごくパワフルなんです。そこになんの根拠もいらなくて、ただただ〝私は運から愛されているんだ〟と決めてしまうことが大切です。

宝くじやロトに当たらなくても、今日という日を、一日何事もなく無事に過ごせたこと、それだけで強運です！　それを「当たり前」とせず、「ありがたいなぁ」と感謝する人が、運から愛されるんです。

とってもシンプルですが、私が考える「運から愛される5か条」をご紹介します。

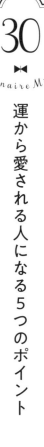

◆運から愛される5か条

・いつも笑顔でいる
・人に親切にする
・徳を積む
・常に愛語（慈愛に満ちた心温まる言葉）を使う
・感謝の気持ちを大切にする

　この5つを意識すると、運から愛されます。引き寄せも成功法則もとってもシンプルで、難しいことなんて何一つないのです。ただ、なかなか習慣化できない、つい忘れてしまう、それだけ。

　大切なのは、いつでもどこでも、それを忘れずに続けること。継続は力なり！　です。

　ですから、朝、出かける前に、この5か条を思い出してほしいのです。朝の仕上げは運をまとうこと！　そんなふうにイメージし、「今日は一日中、笑顔でいよう」「今日は出会う人にとにかく親切にして、笑顔で挨拶しよう」と心がけてみてください。朝、服をまとうのと同じように、運もまとうのです。

気がつくと、あなたは運から愛され、良いエネルギーが満ちて、自然と良いことがいっぱいの毎日になっていますよ。今日から自分は「常に運から愛されている！」と意識してみてくださいね♡

31
Millionaire Mindset
トイレ掃除をすると、運気が上がる

運気上げたいですか？　もちろん上げたいですよね！

私はこの「運」も、潜在意識と同様に常に味方につけたいし、常に「運」の女神から愛されたいと思っています。「運も実力のうち」と言いますが、本当にそうです。

簡単に運気を上げる方法は、なんだと思いますか？　それは「徳を積むこと」なんです。「徳を積む」とは、進んで善い行いをすること。といっても小さなことでいいんです。例えば、トイレ掃除です。

数年前に亡くなった祖母が、幼い頃の私に「トイレを掃除すると可愛くなるんだよ。それに、トイレを掃除する子は、運がとっても良くなるんだよ」、そう教えてくれました。その教えを守り、私は子どもの頃から「トイレ掃除係」を受け持ち、家のトイレをせっせと掃除して、紙に使用上の注意を書いて壁に貼ったりする、ちょっと変わった子どもでした。幼いながらに、トイレを掃除するのは気持ちがいいと思っていましたし、母や祖母に褒めてもらえるのも嬉しかったのでしょう。今でも実家に帰ると、せっせとトイレ掃除をしています。

トイレ掃除で　運気を一気に上げる

ここで、運気をどどーんと上げちゃう方法をお伝えしますね。

それは、**家以外のトイレ掃除をすること、なのです。**

皆さん、ご自宅のトイレは掃除されますよね。それは当然として、それ以外のトイレを掃除すると、運気が劇的に上がるんです！

デパートやレストランのトイレは比較的綺麗なことが多いですし、便座を拭くクリーナーが備え付けられているトイレも多いですよね。その場合は便座を拭いて、床にゴミが落ちていたら拾い、ペットボトルが放置されていたらゴミ箱に捨てます。ときには家まで持ち帰ってしまうことも。

コンビニのトイレは汚れていることが多いですね。そんなときは掃除をして出てきます。たいてい掃除用具が置いてありますので、ブラシも借りちゃいます。

昨年、念願叶って出雲大社にお参りに行きました。ずっと行ってみたかったので、ウキウキワクワク。出雲大社に到着してトイレに向かうと、たまたま工事中で仮設のトイレでした。案の定、トイレは決して綺麗ではありませんでした。

私は旅行中、トイレが汚い場合にすぐ掃除できるように、除菌シートやビニール袋を持ち歩いています。このときは仮設トイレの便座をすべて拭いて帰りました♡

こんな調子であちこちのトイレを掃除しているのを見て、娘は「ママ、マイケルが見てるよ！」っていつも言います。娘はマイケル・ジャクソンが大好きで、良いことをすると、マイケルが天から見ているよ、と言うのです。

「徳を積む」行為は、誰かに認められたくてするものではありませんが、目に見えない存在が、きっと見てくれているのです。

フェアリーに感謝された　ハワイの海岸のゴミ拾い

以前、ハワイ島でスピリチュアルのワークショップを受けたことがあります。仲良くなった子と三人で朝の散歩をしながら、海岸のゴミ拾いをしてワークショップ会場へと向かいました。

するとと、休憩時間に講師アシスタントの一人が私たちのところにやってきて、急にこう言ったんです。

「海を綺麗にしてくれてありがとうって、フェアリーがあなたたちに伝えてって、言ってる」

それを聞いて私たちは驚き、感動しました。やはり、目に見えない存在が見てくれているのです。このときから、私はよりいっそう「徳を積む」ことを意識するようになりました。

「徳を積む」とは、私の中では誰も見ていないところでこっそり善い行いをすることだと決めていて、ほくそ笑みながらせっせとトイレ掃除やゴミ拾いをしています。

いきなり公共のトイレ掃除はハードルが高いという方は、街中や観光地に落ちているゴミを拾うことから始めてみてください。それだけでも効果があります。

運気を上げたいなら徳を積むことが一番です！
365日、私は徳を積むことを意識しています。
これを「宇宙貯金」とも呼んでいます。
一日一つでも、徳を積むことを実践してみてください。
誰も見ていないところでこっそりと徳を積み、にっこりと微笑む♡
日々の徳積み、宇宙貯金の積み重ねは、あなたの引き寄せを確実に加速させますよ。

32

Millionaire Mindset

目に見えない存在のサポートに日々感謝する

私は日頃から、目に見えない存在からのサポートを信じていますし、とても大切にしています。幼い頃から不思議な体験をたくさんしてきましたので、目には見えない存在を当たり前と思って育ちました。エンジェルの存在も信じています。

私は時々、「あ、もしかするとこの人は、エンジェルが人間の姿を借りて、何かを伝えにきたのかな？」と思う瞬間があるのです。その中でも、今思い出しても胸がジーンと熱くなり、涙があふれる出来事があります。

それは娘が1歳になったばかりの頃でした。当時、私は小田原に住んでいたのですが、仕事で都内へ行くことがたびたびありました。赤ちゃん連れで長時間の外出は、荷物もすごく多くなります。抱っこ紐に大きなマザーズバッグを抱えての電車での移動。娘がグズってしまい、車内であやしながら、目的の駅につく頃にはすっかり疲れ果ててしまいました。

まだグズグズ泣き止まない娘を抱っこであやしながらぼーっと佇んでいると、どこからともなく初老の男性が現れ、

「今は大変かもしれないけど、すごく大切な経験だよね。可愛いお子さんだね。この時期は宝物だ。身体を大切に、時間を大切にね」

と、なんとも言えない包まれるような優しい微笑みを浮かべて、話しかけてくれたのです。私はただただ「ありがとうございます」と答えることしかできませんでした。

すると、その男性はスーッと姿を消してしまったのです!! 直感的に、「あぁ、この男性はエンジェルだ。エンジェルが人間の姿になってメッセージを伝えにきてくれたんだ」と私は感じました。

それからすぐ娘はすやすやと寝てくれて、育児疲れだった私も、なんだかずいぶんと気が楽になったのです。

見守ってくれている存在に感謝

どうしようもなく落ち込んでいるとき、人生の迷路に入ってしまったとき、このような現象が起こるのです。そのたびに、あぁ、いつも見守ってくださっているんだな、ありがたいな、と心がじわーっと温かく満たされます。

あなたにも、絶妙のタイミングで起きた、偶然とは思えない出来事がありませんか？

それはきっと、あなたを見守ってくれている愛の存在たちの行為です。

目に見えなくても、あなたを見守ってくれている存在がいますよ。どうかその存在への感謝を忘れないでくださいね♡

33
Millionaire Mindset

徳を積むと、ラッキーな出来事がやってくる

前に「徳を積むことが運気を上げるコツ」と書きました。私なりの徳積みの定義は、「人が見ていないところで、こっそりと善いことをする」というものですが、**毎年訪れるハワイでも海岸のゴミを拾って徳積みをしています。**大好きなハワイは行くたびにとびっきりの癒やしをもらい、パワーチャージできるので、そのお礼に、海岸でのゴミ拾いは毎回の恒例行事です。

ハワイには私の大好きなパワースポットがあるのですが、そこに行くときは張り切って大きなビニール袋を二つ持って行き、ゴミ拾いをします。

波の音を聴きながら黙々とゴミを拾っていると、なんとも言えず清々しく、あぁ私、善いことしてるわ♡　と自画自賛できちゃいます。

その日もゴミをたくさん拾い、止めていた車に乗り込もうとすると、通りがかりの男性が「ゴミを拾ってくれてありがとう！　ハッピーが舞い降りるね！」と、英語で話しかけてくれました。

あぁ、見てる人はやっぱり見てるんだなぁ、と、このときもなんだかほっこりと嬉しい気持ちになってホテルに戻りました。

思いがけないご褒美

その夜、夫はたまたまハワイに来ていた前職の同僚に会いに出かけていました。娘と二人で夕食をすませて部屋で仕事をしていると、夫がご機嫌で帰ってきて、「はい、いつも頑張っているからプレゼント！」と紙袋を差し出してくれました。

最初に瓶が見えたので、お気に入りのシャンパンかな？　と思い、袋を開けると、なんとそこには、私が密かにずっと欲しいなと思っていたハリーウィンストンの時計が入っているではありませんか！

驚きました。その時計を欲しいとは、夫に一言も言っていなかったからです。しかも、私が欲しかったモデルの一回り大きなサイズ!! もうびっくりです！

もちろん夫婦なので私の趣味嗜好はわかっていると思いますが、私には「ハワイで毎回ゴミを拾っていたご褒美では！」と思えて仕方なかったのです。

そのときは、夫が光り輝くエンジェルに見えました♡

欲しいな、と思っていたものが突然ふっと自分の元へやってくることがあります。

それはたいてい、何か徳積みをしたあと、感謝されたあとにやってくるのです。

やはりすべては良いエネルギーのおかげなんだなぁ、と思わずにいられません♡

34

Millionaire Mindset

人事を尽くして、目に見えない存在に祈る

私は以前、オフィス家具メーカーの営業をしていました。企業様がオフィスで使うデスクや椅子の買い替え、レイアウト変更のお手伝いなどが主な業務です。オフィス移転や新規事務所の立ち上げはまとまった売上につながるため、そうした情報を集めるのが主な仕事でした。

あるとき、新規事務所立ち上げの案件を受注できました。30名ほどの新事務所のデスクや椅子、収納庫など、オフィス家具すべてを受注し、私は大変張り切っていました。ところがそのとき、たまたま他の案件も重なって、あろうことか家具の手配をすっかり忘れてしまっていたのです。

お客様から納期を確認する連絡があり、はたと手配を忘れていたことに気づきました。心臓が凍り、もう全身の毛穴という毛穴から汗が噴き出て、真っ青になりました。

そのときの感覚は今でも忘れられません。慌てて家具の手配をしましたが、納期にはまるで間に合いません。思いつくすべての手をやり尽し、中古の家具屋にも片っ端から電話したり、メールしたりしました。それでも、どうにもこうにも家具が間に合わない……。

震える声で先方の担当者へ連絡しました。ものすごい勢いで怒鳴られました。当たり前ですよね。「机も椅子もなくて、どうやって仕事するんだよ!! なんとかしろよ!!」と怒鳴られ、もう消えてなくなりたいとさえ思いました（その頃はまだまだ純粋で、ガラスのハートでした）。

どうにかしなければと思うけれど、どうにもならない。もう、祈るしかない……。私は何を思ったのかトイレの個室に駆け込み、ひたすらひたすら祈りました。その頃からエンジェルの存在を信じ、信頼していたので、とにかくエンジェルに祈ったのです。

「このとんでもないトラブルから、なんとか救ってください」と。

驚いた担当者からの電話

　すると翌日、あんなに怒り心頭だった担当者から電話がかかってきて、「昨日の話だけど、どうしようもないことだし、まぁそっちの最短納期でいいわ。昨日は言い過ぎて悪かったな」と、納期に同意していただいたばかりか、お詫びの言葉までいただいたんです!!　もうこれにはびっくり仰天。あまりにも驚いて腰が抜けそうでした。

　このときからさらに私はエンジェル、目に見えない存在たちを強く信じるようになったのです。

　もちろん、ただ祈っただけじゃありません。**やれることはすべてやり尽くして、あとは委ねる。「人事を尽くして天命を待つ」ということですね♡**

35

Millionaire Mindset

見えない存在は、あなたの努力を見ている

ほんの数か月前の出来事です。私は人生最大のチャレンジをしました。私自身の人生を大きく変えてくれたアメリカのトップコーチ、リー・ミルティアを招致して3日間のワークショップを主催したのです。

こう書いてしまうと実にシンプルですし、私のブログなどを読んでくださっている方は、「そういえばTAEさん、外国人のコーチを呼んでイベントしてたね！」という感じかと思います。

でも、このイベント、毎日不安でなかなか眠りにつくこともできず、髪の毛がごっそり抜けて円形脱毛症になるくらいのプレッシャーだった、というと驚かれるかもしれません。実際、髪がかなり抜けました。こんなお話をすると、「え？　TAEさんって、そんなにナイーブだったの？」とすごく驚かれるのですが、そうなのです。そ

れくらい私にとって、大きな大きな挑戦でした。

実はこのワークショップ、もともと私は主催者ではありませんでした。ある企業が主催で、私はどちらかというと共同主催者、アシスタント的な立場で考えていました。これまで私はワークショップなど主催したことはなく、大きなイベントなどもやったことがなかったからです。

ところが、ある事情で主催予定だった企業が降りてしまったのです。そして突然、私が主催者となってしまいました。のんきに構えていた私は焦りました。慌てて、一緒に主催してくれそうな有名人や大手イベント会社にアポを取り、話をしに行きました。いくらなんでも一個人の私がアメリカのトップコーチのワークショップを主催するだなんて、あまりにも無謀すぎると思ったからです。

皆さん、お話をすると興味は持ってくれ、そのたびに今度こそ！　と期待を抱くのですが、最終的にＯＫのお返事はもらえず、まったく行き詰ってしまいました。断られる理由は、いずれも「集客が厳しいから」。それこそ私が一番不安に感じていることで、だからこそ力のある主催者を探しているのです。私は途方に暮れました。

リー・ミルティアをアメリカから呼ぶには、莫大な経費もかかります。デポジットとして事前に振り込んでいた額は、私のＯＬ時代の年収２年分を軽く超えていました。さらに、リーの飛行機代や謝礼、会場費なども計算すると、最低でも60名は集客しなければなりません。

どうして最後の最後で断られてしまうんだろう、なぜみんなＯＫって言ってくれないんだろう……。そうこうしているうちにも時間はどんどん過ぎていきました。

否定的な意見に心が折れそうに

有名な経営コンサルタントの方に相談に行くと、「そのイベントは厳しいね、今すぐ中止しなさい。まだ間に合うでしょう。あなたが恥をかき、傷つくからやめなさい」と言われ、有名なマーケッターの方からは、「君にはまだ早すぎるし、マインド的にも難しいと思う。成功はほぼほぼ無理でしょう」と言われました。いろんな方から、集客は厳しい、あなたには難しい、無理だ、早すぎる、うまくいくわけない……と、とにかく凹むことばかり言われ続けました。陰で「あの子にできるわけないよ」って言われていたと聞いたときには、悔しくて悔しくて涙を流しました。

普段、弱気になんてならない私ですが、なんでこんな大変なことになっちゃったんだろう、どうして引き受けちゃったんだろう、もうやめたいな……。正直、そう思ったこともありました。

でも私は、私の人生を大きく変えてくれたリー・ミルティアの教え、成功者のマインドセットを、たくさんの人に知ってほしかったのです。

その想いとは裏腹に、開催まで2か月を切った時点で20数名しか集客できていませんでした。それでも、鏡を見るたびに必死で笑顔をつくっていました。「笑顔だけは決して忘れないぞ」と、自分にエールを送り続けることだけはやめなかったのです。

広告費をかける余裕はありませんでしたから、無料のお茶会やセミナーを開いてリーの教えを伝え、ワークショップに来てほしい、と働きかけ続けました。

そんな私の姿に共感してくださって、応援し、助けてくれる人たちが現われ始めました。参加者が50名集まったときには、これでなんとか形にできる！　と、ホッと胸をなでおろしました。

それでも、まだまだ人を集めたい！　初来日されるリーにも喜んでほしいし、必要な人たちにもっと届けたい！　その想いだけで、とにかく日々走り続けました。

エンジェルの応援!?　奇跡が起こる

開催まで2週間という頃、自分でも訳がわからないうちにポツリ、ポツリ、とお申込みが増え、次々といろんな方が応援してくれて、なんと結果的に90名近い方が参加してくださったのです！　開催前日までお申込みが続き、本当に何が起きているのかわからない感覚の中、当日を迎えることができました。

ワークショップの初日、会場へ向かう電車の中で、ありがたくて、ありがたくて、参加してくださる皆さんのお顔を思い浮かべると、涙がボロボロこぼれました。電車の中で突然泣き出す自分がこっけいにも思えましたが、ここまでやってきた自分が誇らしくもありました。

3日間のワークショップは参加者の皆さんにも大変喜んでいただき、会場が一体となり、素晴らしいエネルギーに満ちあふれた、本当に素敵な会になったのです。

ワークショップが開催される1か月前くらいでしょうか。全国から予約がひっきりなしに入るという霊能者の方とたまたまご縁をいただいたので、私も相談しました。するとその方にこんなことを言われたのです。

「TAEさん、よく頑張ってるね。成功するよ。きっと大丈夫だと思うよ。もうここまできたら最後は運しかないよ。日頃から運を味方につけることを忘れないで」

この一言で、私はいつも以上に徳積みを心がけ、氏神様へ毎朝お参りに行きました。すると、毎朝清々しい気持ちの中で、「今日もいろんな方へお声がけをしよう。あの人にもお願いしよう」と力が湧いてきたのです。見えない存在たちからの心強いサポートをよりいっそう強く感じました。

どんな困難なことでも、立ち向かえばどうにかなるものです。努力している人を、見えない存在たちは応援してくれるのです♡ そのことを、このワークショップでよりいっそう強く感じることができました。

36

Millionaire Mindset

あなたの大切な人を信じること

夫は結婚する前から独立願望の強い人でした。もともと大手自動車メーカーにエンジニアとして勤めており、車が大好きなので、いくつものスーパーカーに乗れて、海外のさまざまな土地でテストドライブまでできるエンジニアの仕事は本当に天職だったと思います。それでも、会社組織では天井が見えているから、いつかは自分で事業を興したい、と話していました。そして、もっと家族との時間も欲しいし、いつでも好きな場所に行って自由に仕事がしたいんだ、と言っていたのです。

娘が生まれて数か月たった頃、夫はまったく望んでいない部署に突然異動になりました。これまでとはまるで勝手の違う仕事で、自分が積み上げてきたキャリアがまったく通じない部署です。会社員であれば突然の異動や、未経験の仕事を任されることはもちろんあるのですが、このときの夫の落胆はひどく、鬱に近い状態になり、なんと数日間失踪し、会社の上司が家に訪ねてきたりもしたのです。

夫は「会社を辞めたい」と言いました。けれど、生まれて間もない娘のこともあり、生活が不安で、私はもう少し会社員を続けてほしいと思いました。貯金も本当にわずかしかありませんでした。

夫婦で話し合いましたが、夫の決心は固く、会社を辞めて起業したいと言います。私は不安でいっぱいになりました。せめてあと1年は会社にいてほしい、そうしたら娘も1歳になり、私も働けるだろうと思いました。

両親のことも頭をよぎりました。好き勝手やっていた私の結婚などあきらめていた両親でしたから、私がようやく結婚し、待ち望んだ初孫も生まれて、本当に嬉しそうにしているのを見ると、夫が一流企業を辞めて、まったくのゼロから起業するなんて、どう話したらよいのかわかりませんでした。

私は不安でたまらず、エンジェルにガイダンスを求めたのです。

すると、「とにかく彼を信じてサポートすること。明るく笑顔で彼を信頼し、彼の話をしっかり聞いてあげなさい。彼の未来をあなたが信じてあげなさい。彼の仕事を心から理解し応援してあげなさい」というメッセージを受け取ったんです。

そのメッセージが私に覚悟を決めさせました。夫を一番理解できるのは、この私。夫を支えられるのも私しかいない。夫を信じよう、未来の道を一緒に歩もう。そう思えるようになりました。

起業した夫の事業が加速する

会社を辞めた夫は水を得た魚のように生き生きとし、一生懸命、事業に取り組みました。そんな彼の元にビッグチャンスが舞い込み、夫は見事それをものにし、起業後1年足らずで1億円を稼いだのです。そして1年半の間に、フェラーリ、マセラッティ、ランボルギーニと、欲しかった車をすべて手に入れ、彼の思い描いていた夢をあっという間に叶えてしまいました。

狭くて荷物も乗せられない、乗り心地も決して良いとは言えない（私にとってはですが）、そんな車に何千万も出すなんて理解できませんでしたが、夫の長年の夢だったので、私は何一つ文句を言うことはありませんでした。

ガルウィングという、ドアが羽のように上に開くランボルギーニは珍しいらしく、乗っていると子どもたちが寄ってきます。そんなとき、夫は子どもたちに気軽に写真を撮らせたり、乗ってみる？　と言って助手席に乗せてあげたりしています。目をキラキラと輝かせて喜ぶ子どもたちに夫は、「欲しいなら絶対に乗れるから。君の夢は何？」とよく聞いています。そんなとき、あの不安だった日々を乗り越えた今に感謝するとともに、なんともいえず満たされ、笑顔で子どもたちに話しかけている夫を誇らしくも思うのです。


夫は、次のステージに向かってまた新たな挑戦をしています。

あのとき、「会社を辞めないで！　もう少し頑張って続けてよ！」と言わなくて本当に良かったなと思います。夫とは、あのとき会社を辞めないでと言っていたら、今こうして一緒にいないかもしれないね、なんて話をします。

笑いながらそんな話ができるのも、**大切な人を信じ、見えない存在からのサポートを信じることが生んだ結果だと思っています。**

37

Millionaire Mindset

チャンスは準備している人のところにやってくる

私はチャンスという言葉が大好きです。「チャンス」と聞くと、なんだかワクワクしてくるんです。私にとってチャンスとは、くるくる寿司のネタのように、どんどん目の前にやってくるというイメージです。ですから、求めているチャンスがあるなら、それが自分の目の前を通ったとき、すぐさまつかめばいい。そのチャンスをつかみ、生かすのは自分です。

そうやってチャンスを次々とつかみ、生かしていく人たちには共通点があります。それは、**「いつ自分の元へチャンスが来てもいいように、準備をしている！」ということ**。この「準備」をしているかしていないかで、山と谷ほどの差がつくのです。

コーチングを仕事にして半年ほどたった頃でしょうか。当時は個人のクライアント様ばかりでしたが、企業研修をやっている先輩コーチを見て、「研修講師ってカッコいいなぁ♡　私もやってみたい」と思ったのです。

そこから企業研修の勉強をしたりして、まだ講師のお誘いなんてないけど、準備しとけば話がくるかも♪　と、企業向けの研修資料をつくったんです。

今思うと本当に勇み足もいいところなのですが、自分のつくったその資料を手にしたとき、なんともワクワクしました。これを企業様に伝えられたら、きっと社内の雰囲気が良くなるだろうな。営業マンと上司のコミュニケーション、営業マンとクライアント様、幹部の役員たちと若手社員が、きっとすごく良い雰囲気になる！　そう確信したんです。そうして、出かけるときは、その研修資料を持ち歩いていました。

そんなある日、カフェで仕事をしようと、愛車のカイエンを駐車場に止めると、いきなりスーツ姿の男性に話しかけられました。

「お姉さん、カッコいいの乗ってるなぁ！」

その方も車が大好きで話が弾み、流れで仕事の話になりました。私が「コーチングをしています」と伝えると、ちょうどアドラー心理学の『嫌われる勇気』（ダイヤモンド社）が大ブレイクしていたこともあり、さらに話が盛り上がって持っていた研修資料をお見せしたんです。

その方は介護施設や家事代行サービスの会社をいくつか経営されており、なんとその場で企業研修のお話をいただいたのです！

クライアントになってくださる企業のアテなんて一つもなかったのに、なぜそんな資料をつくって持ち歩いていたのか？　それは自分の直感に従ったからです。「やってみたい！」という直感に従って行動したのです。そして、以前、ある経営者様から、「チャンスがいつ来てもいいように、準備万全にしておくことが大切だよ」というアドバイスをいただきました。その言葉を覚えていたからこそ、準備をしていたのです。

この一件以来、私は「チャンスはいつやって来るかわからない。今の自分にとってどんなチャンスが来たらＨＡＰＰＹかな？」と、ワクワクしながらイメージする習慣ができました。

そうして、「こんなクライアント様とセッションがしたいな」とイメージしていたようなクライアント様と、実際に出会うといったこともどんどん増えました。

準備しすぎることはない

素敵なパートナーと出会いたい！　と思うなら、いつパートナーと出会っても笑顔で応えられる自分でなくてはなりません。もっとやせてから、もっとオシャレしてから、もっとコミュニケーション力を磨いてから……。そんなことでは素敵なパートナーはいつまでたっても訪れることなく、あなたの目の前を過ぎ去ってしまうのです。

ビジネスだってそうです。もっと勉強してから、もっと資格を取ってから、もっと自信がついてから……。そんなことでは、歳だけ取っていきます。

とにかくチャンスは、準備している人のところへ、予告なしに突然やってきます。

準備しすぎて悪いことなど何一つありません。

あなたの求めるチャンスは何でしょうか？　今、そのチャンスがあなたの目の前に現れたら、すぐにそれをつかめますか？　**欲しいチャンスに向けて、今すぐできる準備を始めてみてください♡**

38
Millionaire Mindset
明るい笑顔で挨拶をする

最近、私の周りでものすごいチャンスが突然訪れる方、チャンスの女神に愛されてるなぁ！　と感じる方には、共通点があります。それは非常にシンプルですが、皆さん、「笑顔で自ら挨拶をする」ということ！

クライアントのS様もそのお一人。ご近所さんでよく顔を合わせるおじさまに、いつも笑顔で挨拶をされていたところ、実はその方、誰でも知っているような芸能人を多数顧客に持ち、海外展開もされている、すごいおじさまだったそうなのです!!

その方から、「いつも元気に笑顔で挨拶してくれるよね。最近、挨拶してくれる人は珍しいからね、ホント気持ちいいよ」と声をかけてもらったそうで、立ち話で話が盛り上がり、ランチに誘われたそうです。そのおじさまはS様の仕事に興味を持たれ、その方が海外展開されている大きな仕事が、S様のもとへ舞い込んだのです!!　しかもそれは、S様がずっと心の底でやりたいと思っていた仕事だったのです！　この話を聞いたときは、私も大興奮してしまいました。

笑顔での挨拶がきっかけで　チャンスをつかむ

Y様は、会社員をしながら週末は趣味のパンをつくり、自家用車で移動販売をしていました。「いつか大好きなパンづくりで起業できたら」と、明るい笑顔でご相談に来られました。パンの焼きあがる香りが子どもの頃から大好きだったというY様に、「まずは移動販売でお客様の反応を見て、ファンをつくって拡大していきましょう！」とアドバイスをしました。

そこからY様は、**とびきりの笑顔で元気よく挨拶をする、来てくださった方には最高の笑顔でお礼を言う、これを常に心がけていたそうです**。週末だけの移動パン屋さんは、あっという間に売り切れてしまう人気店になりました。

すると、毎週来てくださるお客様から、「よかったら、ちょうど余っているスペースがあるので、そこでパンを販売しませんか？」と嬉しいお誘いをいただいたのです。

しかも、「あなたのつくるパンはとても美味しくて、家族も大好きだし、あなたからいつも元気をもらってるから」と、駅近のカフェスペースを、なんと無料で貸していただけることになったそうです！

さらにさまざまな出会いに恵まれ、カフェと提携も決まったY様は、夢だったパンづくりで起業することになりました。

Y様のあの嬉しそうなお顔を思い出すと、私も笑顔になります。

こうした話は決して珍しくありません。嬉しいこと、喜ばしいことがあるから笑顔になる、これは当たり前。普段から何気ない日常に感謝して笑顔でいる、自分から積極的に挨拶をする。そんな人のところにチャンスが舞い込んでくるんです。これまで、思わぬチャンスが舞い降りたたくさんの方々を見てきましたが、「笑顔」と「挨拶」、この二つは皆さんに共通しています！

チャンスの女神に愛されたい！　そんなあなたは、「笑顔」と「挨拶」をぜひ意識してみてくださいね。

39

Millionaire Mindset

ピンチはチャンスに変えられる！

成功者の皆様は、ピンチをピンチと思わず、確実にチャンスに転換されています。

そう言われても、実際に自分のこととなると、ピンチがチャンスだなんて思えないことも多々ありますよね。

つい先日、かなり余裕をみて移動していたのですが、立て続けにタクシーの乗車拒否に遭いました。今、住んでいるシンガポールではいわゆる流しのタクシーをつかまえることはできなくて、タクシースタンドやホテルなどで待つことになります。そうして待って、やっと来たタクシーに行き先を告げると、断られてしまうことがわりとあります。

このときも行き先が渋滞する地域を通過するせいか、数台に断られてしまったのです。約束の時間に間に合わない！　と、かなり焦りました。

やっとOKしてくれたタクシーに乗り込みましたが、どう計算しても間に合わない。初めてお会いする方との約束だったので、変な汗が出てきました。そのときに、ふと思い出したのです。尊敬している経営者様の言葉を。

「ピンチはチャンスと言うけどなぁ、俺は昔っから、ピンチがくるとワクワクするんだよ!!」

「え？　ワクワクですか⁉」

大変驚きました。「ピンチが来てワクワクするだなんて、この経営者さんって、ちょっといっちゃってる⁉　本当にメンタル強いなぁ、うらやましい」って思いました。

その方は少年の頃からずっと野球をやってこられ、試合でピンチがくるたびに、「絶対このピンチを跳ねのけるぞ！」と鍛えられ、それで今でもピンチになるとワクワクするんだそうです。今の私には、その意味がよくわかります。

ピンチのときには「チャンス！」と言う

大変尊敬している福島正伸先生も、ピンチが来ると「チャーンス!!」と言葉に出して言うそうです。なるほど、「チャンス‼」と言うことで、脳はそれをピンチではなく、チャンスが来たのだと勘違いするのでしょう。

私も今では、ピンチに遭遇したら、「来たぞ、来たぞ！　チャーンス‼」となんなら叫んでしまいます。そうすると、なんとかなってしまうのです。

「ああ、ピンチだ、ピンチだ」とオロオロして、焦ってまたダブルピンチの状況に追い込まれるより、「これはピンチという名のチャンスだ、チャーンス‼」と言い切ってしまうと、状況は好転するのです。

さて、話を戻しますと、このときはタクシーの中から相手の方に苦手な電話をかけ、ドキドキしながら拙い英語で「ごめんなさい、本当に申し訳ないけど遅れてしまいます」と、なんとか伝えることができました。

相手の方は「No problem! See you soon!」って明るく電話を切り、その後の面談もまったく問題なく進みました。結局、この件は私の取り越し苦労ですみましたが、おかげで英語で電話してもなんとか通じるじゃん、と自信になりました。

こちらの方は時間にさほど厳しくなく、5分や10分の遅刻は全然気にしないのだそうです。なるほど、国が違えば文化も違うよなぁと、ホッと胸をなでおろしました。

これまで数々のピンチが前触れもなく突然やってきたけれど、気の持ちようでどうにでもなる。こう思えるようになると、ちょっとやそっとでは動じなくなりますし、「つまるところなんとかなる。きっと大丈夫だわ」の精神が、本当になんとかしてくれます。ですから、ピンチ君があなたの元を訪れたら、「よーし!! ワクワクしてきた！」

「チャーーンス!! よっしゃーーー!!」と、試しに声に出してみてください。

できれば腰に手を当てて、もう片方の手で大きくガッツポーズをつくり、上にグッと突き上げてみてください。イメージとしては、「気合いだ！ 気合いだ！」のアニマル浜口さんとか、「あきらめんなよ！ できる！ できる！」の松岡修造さんです（笑）。いや、形から入るってとても重要なんですよ。

そんなこと、とても言えない……という場合は、こう言ってみてください。

「私は今までに何度もピンチを乗り越えてきたから、今回だってきっと大丈夫♡」

「これ以上悪いことはもう起きない。ここからは良いことしか起きない♡」

この二つの言葉はとてもパワフルで、気持ちが落ち着きますよ。

40

Millionaire Mindset

チャンスの女神は、あなたのYESを待っている

最近、元オリンピック代表選手、元世界大会メダリストという素晴らしい実績を持つアスリートの方に、コーチングする機会をいただきました。以前の私だったら間違いなく尻込みして、「私なんかより、もっと素晴らしいアスリートコーチの方がたくさんいらっしゃいますから……」と辞退していたところです。

実際、数年前に初めて、素晴らしい経歴のアスリートの方々へコーチングするというお話をいただいたときには、不安のあまり、もう少しで断ってしまうところでした。

けれど、このときの経験で私は大きな自信を持つことができました。

それ以来、一瞬不安がよぎったとしても、チャンスが来たら〝必ずその場でつかむ〟と決めたのです。

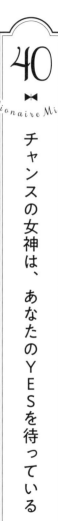

思いがけないビッグチャンス！

それは、私がプロコーチスクールを卒業したばかりの年末の出来事でした。

その頃の私は、「これからコーチングでたくさんの方の夢実現を応援していきたい!!」と、私自身が夢と希望に満ちあふれ、ワクワクしながら過ごしていました。聞かれもしないのに、誰かれかまわず、コーチングの素晴らしさやどれだけ自分がコーチングが好きなのかを、熱を込めて伝えるようになっていました。

すると、親しくさせていただいていた接骨院の院長先生から、「TAEさん、今度うちにプロのアスリートたちが合宿に来るんだよ。その三人にコーチングをしてくれないかなぁ」と声をかけてくださったのです。

私はスクールを卒業したばかりで、多少不安はあったものの、せっかくいただいたお仕事です。「私でよければ、ぜひやらせてください！」と、その場で即答しました。

プロのアスリートといっても、いったいなんのスポーツなのか、どんなキャリアの方たちなのか、またコーチングはいつ、どのくらいの時間で、何をテーマにやるのかといった細かい情報もなく、またそれを院長先生へ尋ねるでもなく、ただ勢いよく「やらせてください！」と即答して、その日はウキウキして帰ったのです。我ながらのんきなことでした。

翌日、院長先生から改めて依頼のメールが届きました。驚いたことに、その三人のプロアスリートというのが、元北京オリンピック代表現役Jリーガー、現役Jリーガー、そして、ボクシング日本チャンピオンで世界でも活躍中……というすごい経歴の方々だったのです。

それを目にした瞬間、しばらくぼーっとし、青ざめてしまいました。

そ、そんなにすごい経歴の選手たちに、スクールを卒業したばかりの私が、アスリートをコーチングした経験もない私なんかが、やっていいのだろうか⁇

ものすごい不安でいっぱいになり、慌てて院長先生に電話をかけました。

「院長先生、私の先輩には、オリンピック選手やトップアスリートを何人もコーチングされている方々がいらっしゃいます。そうした先輩コーチと一緒にやらせていただいていいでしょうか？」

するど、院長先生は、

「何を言ってるの？　そんなオリンピック選手を見ているコーチとか、トップクラスをコーチングしてる人なんて、僕もいっぱい知ってるんだよ。僕はね、そのTAEさんの情熱が好きでお願いしたの。コーチングのことをいつも楽しそうに話してくれてたじゃん？　だからさ、そんな先輩とかはいいから。TAEさんが一人でやってくれたらいいんだから」

こう言われました。院長先生は、私にとてつもなく大きなチャンスをくださったのです。

一人でやらざるをえない状況になりましたが、それでも不安です。しかも、この会話が年の瀬も押し迫った12月29日のこと。実際にコーチングをするのは1月3日と決まっていました。

まったく日にちがない中、アスリートコーチングの本を買ってきて必死で読み、元プロアスリートの友人に、「こんなときはどんなふうに感じた？」「どういうときにモチベーションが下がった？」など、いろいろと話を聞いて、コーチングで伝えたい内容を必死に考えました。

大晦日も元日も、ひたすらアスリートコーチングを研究し、サッカーやボクシングの動画を見たりしてイメージをふくらませました。あの年のお正月は、お節やお雑煮どころではなく、とにかくこの大きなチャンスをものにしたい、私を信頼してくださった院長先生の想いに応えたい、その一心でした。

ガチガチの緊張で迎えたコーチング当日

1月3日のコーチング当日の朝、めちゃくちゃ緊張して、心臓がバクバクしながら会場へ。

院長先生が私を紹介してくださったのですが、なんともさらりと、「こちら、メンタルコーチのTAEさん。なんか良い話をしてくれるみたいだから、しっかり聞いてや！」みたいな……。

その場の空気はなんとなくピリピリしていて、三人のアスリートからは「なんやねん？　何やってくれるん？」って、斜に構えた空気を感じました。特に、世界を舞台に活躍しているボクサーは、さすがに眼光鋭く。私は「あぁ、今日は完全にアウェイって感じだなぁ……」とひるんでしまいました。今となっては懐かしい思い出です。

でも、このあたりがコーチングを学んで本当に良かったと思う部分なのですが、こういうときに「どうしよう、うまくいくかなぁ」ではなく、「では、ここから何が起きたらいいのか？」「今自分にできるベストは何か？」と、冷静に自分へのパワークエスチョンができました。

すると、「とにかく全力で！」「三人のモチベーションが上がって、やる気に満ちあふれ、今年もいっちょやるぞ！　と気合いが入って帰ってほしい」、そんな想いが湧いてきました。

その気持ちに従って話を進めていくうちに、最初は斜に構えていたアスリートの方々もとても熱心に耳を傾けてくださるようになり、最後の質疑応答ではバンバン質問が飛んでくるほど、場の雰囲気が変わったのです。これは私にとってもも大きな学びになり、素晴らしい経験となりました。

あのとき、「やったことないし、まだ自分には自信がないし、経験も実績もないから」と断らなくてよかった。今でも思い出すたびに、こんなにも素晴らしいチャンスを与えてくださり、見守ってくださった院長先生には、感謝の気持ちでいっぱいになります。

この経験をきっかけに、私はチャンスがやってきたら、その場で「YES」と言ってつかみとるマインドセットができています。

チャンスはいつも、なんの予告もなく、突然あなたの元へとやってきます。そのチャンスは、あなたにその場で「YES!」と言ってほしいんです。

あなたが迷った瞬間に、そのチャンスは次の人のところへ、するりと逃げていってしまうのです。

不安を乗り切った先には、「大きな自信」があなたを待っています。人生はたったの一度きり。チャンスをつかんで夢を現実にしていってくださいね♡

Millionaire mindset

chapter 5

望む未来が、あなたの元へやってくる！

倍速で人生を加速させ、
一気にステージを
上げていこう♡

41

Millionaire Mindset

自分の目指す人たちと過ごし、時間を共有する

良い出会いを引き寄せるためには、自分がこれから先、どう生きていきたいのか、どんな未来を過ごしたいのか、どんな人とつながっていきたいのか、ここを明確にすることが大切です。

先日、全国にクライアントを持つ敏腕コンサルタントの先生とお話しする機会がありました。この先生の指導を受ける2日間の合宿は60万円だそうですが、毎回20名の募集が、あっという間に満席になってしまうそうです。それだけ参加者の皆さんが望む結果の出る合宿なのですね。

さて、そうした参加者の方から、しばしばこんな質問を受けるそうです。

「どうしたら早く成功できますか？」

「一気にステージを上げるために、一番必要なことはなんでしょうか？」

私も同じようなご質問を受けることがあるので、先生はどう答えられるんだろうと、楽しみにワクワクしながら聞いていました。

先生の答えは、**「とにかく成功している人と時間を共有すること」「成功している人たちの元へ環境を置くこと」「運の良い人とできるだけ一緒にいること」**でした。

マインドもとっても大切ですが、どれだけマインドを整えて、強くしなやかな心を持っていても、普段、身を置く環境がドリームキラーばかりで自分の夢を語る仲間がいなかったり、常に愚痴や不満ばかり言っている人たちに囲まれていたり……。

こんな劣悪な環境にいたのでは、ステージを上げることも、成功を加速することも難しいでしょう。

人は環境の動物です。環境が人をつくります。

ステージを上げたい、成功を加速させたいのなら、そのような環境に身を置くこと。

自分の目指す人たちがいる場所で過ごし、時間を共有することが、とても大切なのです。

42

Millionaire Mindset

素晴らしい出会いは、人生をより豊かにする♡

今までたくさんの憧れの人に会いに行き、そのたびに刺激をもらい、モチベーションが上がり、私の考え方も、生き方も、どんどん変わりました。人生をどんどん良い方向に変えたいと思うなら、素晴らしいな、素敵だなと思う人と、どんどん会うことをおすすめします。「出会いが人生を変える」と、私はここ数年で確信しました。

今、何か変化したいけど、きっかけが欲しい方は、会いたいなと思う人に会いに行かれるのが良いと思います。それくらい、素晴らしい人はとんでもないパワーや気づきを与えてくれるからです。

今年、とってもとっても素敵な引き寄せがありました。私がその世界的なアーティストの方を知ったのは4年前です。ネットでたまたま見つけた動画に、目がくぎづけになりました。そして、一瞬でファンになりました。

その日は延々とそのアーティストの動画を見続け、胸が熱くなったのを覚えています。「なんてエネルギッシュな方なんだろう、なんて情熱的で愛のある方なんだろう、いつか本人に会ってみたいなぁ。いや、絶対に会いに行こう！」と漠然と考えていました。

そこからあっという間に年月が過ぎたのですが、半年前に、思いつきでふと始めたインスタグラムを開いてみると、なんとその方の投稿が、ちょうど上がってきたのです！ これには驚きました!! しかも、近々イベントを開催するというではありませんか！ 胸が高鳴りました。もうこれは絶対に会いに行くしかない!! と、そこは即断、即決、即行動の精神で、家族にはなんの相談もせず、開催場所もよく確認しないまま、気がつけば申込みボタンを押しておりました（笑）。

そうしてイベントの会場で実際にお会いすることができたのです。4年間の想いがありましたから、心が震えるほど感動しました。私はすっかりその方のワールドにはまってしまいました。けれど、その方にはファンクラブやファンサイトのようなものはなく、ホームページもあまり更新されておらず、活動状況を知る方法がなくて、とてもがっかりしてしまいました。

ところが、そのイベントからわずか1か月後、なんとオンラインサロンが開設されるというではありませんか！　しかも100名限定！　キターーッ!!

受付開始日はセミナーを受講する日だったのですが、そわそわと落ち着かず、受付開始時刻になるとイレへ行き、トイレの個室で申込みを終えて、ホッと胸をなでおろしました。

嬉しい連鎖はどんどん続きます。なんとサロン開設のわずか1か月後にはオフ会が開かれ、すぐ目の前でパフォーマンスを見ることができ、実際にお話ししたり、握手もしていただきました。こんな夢みたいなことが、あっさり起きるなんて……。その日は興奮気味で、一日中にやにやしていました。

アーティストとしてのパフォーマンスはもちろん完成度が高く、とても素晴らしいのですが、何よりもその在り方、考え方、発する言葉のエネルギーにものすごく惹かれました。とにかくエネルギーの高さが半端なくて、愛と情熱にあふれているんです。言葉の一言、一言が勇気をくれ、仕事はもちろん、さまざまなモチベーションにつながりました。

エンジェルからのご褒美

実は、ちょうどこの頃、先ほどお話ししたリー・ミルティアのワークショップのことで非常に強いプレッシャーを感じていました。心が折れそうになることもありました。そのたびに、私はその方の動画を見たりして良いエネルギーにふれ、たくさんの勇気をもらいました。

そして、リーのワークショップもいよいよ2週間後にせまった頃に、すごいチャンスに恵まれたのです。それは、そのアーティストの仕事場で、一日だけアシスタント業務をお手伝いするというもの。応募が殺到するのは目に見えていましたが、エンジェルに「どうか選ばれますように！」と祈りながら応募しました。結果は見事に当選!!
きっとリーの件で奔走している私に、エンジェルがご褒美をくれたのです!!

当日は足が地につかないくらいワクワクどきどきで会場へ向かいました。実際の現場で、その方のストイックで真摯に仕事に向かう姿を間近で見ることができ、もう本当に本当に、言葉にならないくらい感動しました。

しかも、急遽、スタッフさんに言われて、私も同じステージに立ってお手伝いをすることに！　同じ舞台に立てるなんて、もう倒れそう!!　心臓がバクバクして、めちゃくちゃ緊張しました。

そのとき、ふと私を指名してくれたスタッフさんの着ているTシャツを見ると、なんとそこにはエンジェルが描かれているではありませんか！　本当に驚いて、そしてすごく幸せな気持ちになりました。これはエンジェルが運んでくれたギフトなんだと確信しました。

サロン開設を知ってからここまで、わずか5か月です。映像を通して憧れていただけの私が、半年にも満たない間に、実際に会い、言葉も交わし、しかも、同じステージに立てるなんて……。

いかに自分が好きなものや好きな人にフォーカスを当てることが大切なのか、それが引き寄せを加速させ、ミラクルを起こすことを立証してくれた出来事でした。いつかそのアーティストの方のトークイベントを主催するのが、私の次なる夢です♡

「人との出会いが、人生を大きく変えてくれる」と私は強く信じています。今の私があるのは、間違いなく数々の素敵な出会いを通じて、たくさんの気づきや学びを得たからです。その出会いは、すべて自分でつかんできました。

ぜひあなたも、あなたの会いたい方へ、どんどん会いに行ってくださいね♡

43
Millionaire Mindset

「お願いする勇気」を持つ

お願いする勇気を持つことは、望む未来をどんどん現実にしていくためにとても重要です。ここ数年で、お願いすることがどれだけ大切か、身に染みてわかりました。

「TAEさん、いつのまにか起業家や経営者ばかりコーチングするようになりましたけど、どうやったんですか？」「TAEさん、どうして経験もないのに、元オリンピック代表選手やトップアスリートをコーチングすることができたんですか？」とよく聞かれます。

そう思いますよね？　なぜ私が、次々に自分の求めているようなクライアント様と出会い、セッションができているのか。運がいいから？　引き寄せが強いから？

それも確かにあります。「こんな人と知り合いたいな」「こんなクライアント様に出会いたいな」、そう思うと、本当にそういう人と出会えたり、ご縁をつないでくださる方が現れます。

でも、実はそれだけではなくて、私はいつも何かしらお願いをしているんですよ。

「今度○○したいので、何か情報があったらぜひ教えてください」

「○○みたいな人に、セッションさせていただきたいです。○○のようなクライアント様募集しています！　いらっしゃいましたらぜひご紹介ください！」

私は機会があるたびに、こんなふうに周りの方にお願いしています。

だって、言うのはタダですから。あなたがお願いしなければ、あなたが言葉にしなければ、それをあなたが求めているということは、他人はわからないんです。〝言わなくてもわかってくれるだろう〟なんてことはないんです。

もちろん引き寄せはあります。思考が現実化する世界を、私はとても信じています。何度も書いているように、フォーカスを向けたところが現実になります。

でも、それだけでは足りないのです。人生をどんどん変容させていきたいのなら、やはり行動することが必要です。自分でやれることは、全力で取り組む。そして、自分の手の届かないところは、遠慮せずに他人の助けを借りる。これが、成功をリアルに加速させる方法なのです。

成功者の皆さんは、何もかも自分一人でやろうとせず、お願いして他人の力を借りるということを、とてもスマートにされています。

ここで一つ大切なことは、自分の都合だけでお願いするのはNGだということ。

私はいつも、自分でできることは精一杯やるように意識しています。それは人に対してもです。人が困っているのなら、自分ができること――無理のない範囲でですが、手を差し伸べられることはすべてやろう、そう決めています。

祖母や母からいつも「やれることは、どんどんやってあげなさい」と言われて育ちましたから、幼い頃から困っている人がいたら、自分は何をしてあげられるだろうと考えるお節介な子どもでした。すでにお話ししたように、「徳を積む生き方をしなさい」というのも繰り返し言われました。

日々これらを意識していると、いざ自分が誰かの力を借りたいときも、遠慮なくお願いできます。もちろん、お願いを聞き入れていただいたら、すぐさま自分はどんなお返しができるかな？　と考えます。お願いしっぱなし、やってもらいっぱなしはないのです。

相手にも気持ちの良い「お願い美人」になる

私は、この世界はエネルギーの循環で成り立っていると思っています。与えることと、与えられることのバランスが大切というのは、エンジェルも言っていますよ。それで、「お願い美人」という私なりの定義があるのです。

お願い美人さんは、常に自分が与えることを意識しています。人から喜ばれることを進んでする。それが自然とできているんです。

日頃から与えることをしていれば、自然とそれは自分に返ってくるでしょう。そしてまた、やってもらったことをきちんと覚えていて、それに対して、自分は相手に何をすれば喜んでもらえるだろうか？　と考えることができます。常に、与える、受け取るのバランスが良いのです。

逆に、お願いブスは自分の都合ばかり押し付けるんです。自分の都合の良いときだけ連絡してきてお願いをする。お願いを聞いてもらっても、何もお返しをしない。

時々います、こういう人。当然、気分が良くないので、私は疎遠になっちゃいますね……。

そしてもう一つ、大切なこと。お願いするのが苦手な人の多くは、「こんなことをお願いしたら相手に申し訳ない」、そう思い込んでいるのです。

かつての私も、お願いすることがとても苦手でした。相手の顔色をうかがったり、今忙しそうだから迷惑かもしれない……となかなか言い出せなかったのです。

でも、ここ数年でその思い込みは外れ、逆に、「お願いされる方は、頼られて嬉しいんじゃない？」と思うようになりました。これはその方との関係性にもよりますが、あなたからお願いされて、相手の方は頼られて嬉しいと感じる。それならお願いしやすいですよね？

自分の都合ばかり押し付けるのはＮＧですが、勝手な思い込みや遠慮でお願いできないのは、確実に人生損をします。人は本来、誰かの役に立ちたいと思っているんです。お願い美人を目指して、望む未来をどんどん叶えていきましょう！

44
Millionaire Mindset

「手放す勇気」を持つ

手放す勇気を持つことで、あなたは自由になり、心がぐっと軽くなります。その結果、良いエネルギーで満たされたり、引き寄せが加速し、望む未来がどんどん近づいてくるのです。

あれもこれも、すべて完璧にやりきらないと！　そう思うと心に余裕がなくなります。人にお願いするのが苦手な方は、何かと自分で抱え込み、やるべきことをどんどん増やしてしまいます。そして、知らないうちにプレッシャーに苛まれて、常に忙しい、忙しい……と、「忙」という字の通り、「心」を「亡」くしてしまうのです。

自分が本当にやりたいことで忙しいならよいのですが、ほとんどの方は「こうあるべきだ」「すべて自分でやるべきだ」といった強迫観念のもと、自らに鞭打ってやり続けているんです。眉間にしわを寄せて、いつもイライラして、常に焦りを感じて。

でも、ちょっと待ってください！　それ、本当に全部やらないといけないことでしょうか？

娘を出産して初めて迎えるお正月、自分の家の大掃除と、嫁として初めて夫の実家へ行くのにお節をあれこれつくっていこうと、私は張り切っていました。良い嫁を演じたかったのでしょう。

けれど、1歳にならない娘を抱えて、大掃除とお節のダブルは思いのほかしんどくて、友人に「大掃除が全然進まない。毎日の育児でどっと疲れてしまって……。年末はお節の準備もあるしどうしよう」と漏らしたんです。

するとその友人が、「大掃除なんていいじゃん。そんなの年明けてから、時間のあるときにゆっくりやったら？　大掃除しなくても正月は来るしさ！」と笑って言ってくれたのです。

その一言でものすごく心が楽になりました。確かにその通りだな、大掃除は年末でなくても、暖かくなってからでもいいじゃないか、と。

お節も、その年のお正月は張り切ってつくりましたが、翌年からは数品だけつくり、あとは買っていくようになりました。

苦手なものは外注し　自分の得意な部分を伸ばす

私は、もともとブログを書いたりするのは大好きなのですが、美しくデザインするとか、メルマガの設定をするといったPC作業は苦手なんです。経理的な事務作業も苦手でした。でも、自分で事業をするからには、あれもこれも把握して自分でやらないと！　と思っていた時期もありました。

けれど、苦手なことを克服するために時間とエネルギーを使うより、そこは得意な人にお任せして、自分が得意とするものをどんどん磨いていったほうが良いのではないか!?　と悟ったんです。そこからはどんどん人に任せるようになりました。

今現在、いろいろと抱えていて、忙しくてイライラしたり、焦ったりしてしまう方はぜひ、

「それは、今すぐやらなければいけないことなのか？」
「それは、自分がやらなければいけないことなのか？」
「それは、本当にやらなければいけないことなのか？」

と問いかけてみてください。もしかすると、それはやらなくてもいいことかもしれません。

なんとなく続けている習慣　人間関係を見直してみる

私のクライアント様で、長年面倒だなぁと思っていたけど、なんとなく続けていた年賀状をやめたら、ものすごく楽になったという方がいらっしゃいます。

また別のクライアント様は、ここ数年ずっと気分が沈み込んでいたけれど、ご主人の実家に毎月行くことをやめたらものすごく元気になった、という方もいらっしゃいました。

ママ友とのランチ会、学校の部活のボランティア、起業サークルの飲み会やコミュニティ……。なんとなくやっているけど、本音を言うと実はやめたい。そんなことはありませんか？

それを無理して続けていても、状況が良くなることはありません。あなたが疲弊してしまうだけです。

つい先日お会いした経営者様は、「自分はもう、心から好きだ！　と思える人としか一緒にいないことに決めたんだよ」と、笑いながらおっしゃっていました。これまでずいぶんと人間関係で苦労されてきた故だと思いますが、「義理の付き合いとか一切なし！　時間を本当に大切にしたいからね」、とおっしゃっていて、潔くて素敵だなぁと思いました。

昔は気が合ったけど、最近一緒にいてもなんだか空気が違う気がする、以前と違って話がぜんぜん合わない。そういうことも、人生の節目ではあると思います。それは、お互いの目指すところや、ステージが変わってきたからです。

そんなときは、思い切って手放す勇気を持ってください。無理して付き合っても、ストレスがたまるだけです。

私も今はとにかく一緒にいて心地良い人、心地良い環境で過ごすように意識しています。あなたも、自分にとって心地良いなぁ、この人といると楽しいなぁ、笑顔になるなぁ、そう思える人と常に一緒にいたいですよね♡

あなたの日々の選択が、あなたの未来をつくります。手放す勇気を持ってください。

45
Millionaire Mindset

「断る勇気」を持つ

断る勇気を持つと、自分が本当に望み、本当に必要とすることだけにフォーカスできるようになります。思考がシンプルになり、引き寄せも加速します。

逆に、なんでもOKして、いいよ、やるよ、と誰にでも良い顔をしてると、時間、思考、行動など、無駄なことにエネルギーを取られることになり、ときにイライラしたりしてエネルギーも落ち、なんだかいつも疲れているなぁ……ということになります。

私たちは日々、いろんなご案内やお誘いをいただき、お願いをされます。街に出れば署名やら募金、アンケートのお願い。買い物をすれば、ポイントカードをつくりませんか？　ＬＩＮＥを登録しませんか？　美容院に行けば、マッサージやらオイルやら、最近はサプリメントや美顔器のご案内も。

これ、すべてOKしていたらエライことになりますよね。

良い人と思われたいから、お願いされたら引き受けないと。嫌われたくないから、お誘いがあったら出席しないと。タダなら登録しとこうか。キャンペーンなんだ、もらえるならポイントカードもつくっておこうか……。そんなふうに、いろんなシチュエーションで何も考えずに安易にOKしてませんか？　あ、ちなみにそれは昔の私のことです。

今は想像できないと言われるのですが、私は以前、とにかく断ることがとても苦手でした。本来お人好しなうえ、嫌われたくない、皆に良く思われたいという気持ちが人一倍強かったのです。とにかく誰にでも良い顔をしたい人でした。

街角ではアンケートにもできる限り答える。お店ですすめられればポイントカードなどは必ずつくる。美容院でいろんなものを断れず、何かと買わされる（笑）。

友人、知人からのお願いやお誘いはもちろん、職場でのお願いも断れない。だからいつも予定がパンパンで、忙しくしているのに充実はしていなくて、なんだかいつも疲れていた気がします。

行くことをOKしたものの、日にちが近くなると憂鬱になったり、行っても楽しめなかったり。ポインドカードなんてつくっても、結局、持ち歩かないから期限が切れて、いらなくなったものがたくさんあります。

本当に必要なことだけに　時間とエネルギーを使う

最近の私は、本当に心から参加したいもの、関わりたいもの、欲しいもののみOKして、その他はすべてお断りすることにしました。自分の心に素直になろうと決めたのです。

ここ最近では化粧品を買ったお店でポイントカードとLINE登録のお申出をお断り。お洋服を買ったお店でもポイントカードをお断りしました。

だって必要ないから。そこに無駄なエネルギーを使いたくないからです。

自分はどうも断るのが苦手という方は、まずお店のポイントカードから断る練習をされることをおすすめします！　お店の方は、断られたってなんとも思いませんから。

あとは売り込みの強い美容院とか（笑）。知り合いの頼みを断るより、ずいぶんハードルが低いでしょう。まずは簡単なところから〝断る勇気筋〟を鍛えてください。

必要ないものを抱え込むと、それだけの無駄なエネルギーが流れ込みます。無駄なエネルギーが入ると、本当に求めているエネルギーが入ってこない。パフォーマンスも落ち、意識が散漫になります。

逆に、本当に必要！　って思うことだけに時間もエネルギーも使えるようになると、引き寄せがグングン加速していきますよ。「断る勇気を持つ」、これだけで間違いなくあなたの人生が加速していくことでしょう。

46

Millionaire Mindset

「断られる勇気」を持つ

〝断る勇気筋〟が鍛えられたら、次に〝断られる勇気筋〟も鍛えていきましょう！「断られる勇気」を持つことは、ステージを上げ成功していくために、とても大切なマインドセットです。

少し前のこと、いつも大変お世話になっている先生のセミナーにご一緒しないかと、知人をお誘いしたのですが、断られてしまいました。その方にとってものすごくタイミングの良いもので、きっとお役に立てるだろう！　と私の中で感じたのでお誘いしたのだけど（もちろん内容も素晴らしいものですし）、その方にとっては必要ないということだったのです。

もちろん、個人の価値観はそれぞれですし、「きっとお役に立てる！」というのはあくまで私の勝手な思い込みですから、断られてもまったく問題はないんです。

普段の生活で、ビジネスの集まりにお誘いしたり、ときには商品の営業とか、プライベートで食事に行きましょう！　あるいは、お付き合いしませんか？　など、ちょっと勇気を出してお誘いしたり、告白したりすることってありますよね？

それは相手があってのことなので、当然ですが断られることもありますね。その相手との距離感にもよりますが、こちらがかなり気合いが入っていたり、良いお返事を期待していたりすると、断られたときに、やはり落ち込むわけです。こんな私でも、いまだにちょっと凹むこともまぁあります（笑）。

人間関係を築けないのは　人生で大きな損

以前、クライアント様から、断られるのが怖くて声をかけられず、なかなか友達ができないというご相談がありました。「友達が欲しいとは思うけど、ランチやお茶に誘って断られるとすごく凹むから、なかなか誘うことができないんです。けど、本音を言えば、ランチに行ったりお茶したり、気軽に付き合える女友達が欲しい……」

こんなふうに、誘いたいけど、断られるのが怖くて誘えない、そういった悩みを持っている方は、案外多いのかもしれません。

でも、より豊かな人生を送るためには、ビジネスにしろ、プライベートにしろ、人間関係が計り知れないくらい大切なんです。だから、「断られるのが怖くて声をかけられない、誘えない」、というのは、人生かなり損をしていると思うんですよね。

もちろん、断られるのが怖くて誘えないという気持ちも、めちゃくちゃわかります！

けれど、断られたということは、何かしら行動をした結果なんです。勇気を出して声をかけた、新しいことにチャレンジしたということ。断られたのは単なる結果であって、思い切って行動してみたことのほうが重要です。

だから、断られていいんです。全然気にすることなんてないのです。相手にだってタイミングもあるし、人間ですから、そのときの気分だってあります。もしかすると、時間やお金の問題、家族の問題もあるかもしれません。

あなたが嫌だから断ったのではなくて、たまたまそのときにYESと言えなかっただけ。たまたま、そのタイミングじゃなかっただけなんです。

だから、断られる勇気を持ちましょう。〝断られる勇気筋〟が鍛えられたら、どんどんチャレンジができますし、世界が大きく変わりますよ！

〝断られる勇気筋〟を鍛えるトレーニング

それでも、なかなか断られる勇気が出ないという方には、簡単なトレーニングをご紹介しますね。

例えば、カレー専門店で「スパゲティってありますか？」って聞いてみたり、紅茶専門店で「ココアはありますか？」って聞いてみるのです。

ちなみに、本当にカレー専門店で聞いてみたことがありますが、スパゲティはありませんでした（笑）。

絶対に断られるとわかっていて、心の準備をした状態で断られる。このトレーニングでマインドを鍛えていくのです。断られ慣れていくと、どんどん平気になるのです。慣れって素晴らしいですね！

私も会社員だった頃、一日100件とか飛び込み営業をしていた時期があったのですが、90件以上は門前払いで、その場で断られるんですよね。100件行って、まともに話を聞いてもらえるのは2～3社でした。

最初はもう本当に切なくて凹みましたが、仕事だし、会社としてやってるのだし、それに何より私自身を否定されたわけじゃないんだし……と、どんどん強靭なマインドになっていきましたよ。断られたって、決してあなたが否定されたのではありませんから。

〝断られる勇気筋〟は、ちょっと意識して行動するだけで鍛えられます。断られる勇気を持って、なりたい自分となりたい未来へ、どんどんチャレンジしていきましょうね！

47

Millionaire Mindset

「変化する勇気」を持つ

人間はもともと変化を嫌う動物です。今いる環境が変わるのは怖いし、築き上げてきたものを手放すのは不安だし、今までやっていたルーティンが変わり、一から新しいことに挑戦するなんて、とてつもなく面倒だ。だったら多少不満があってもこのままでいいいか。別に支障はないじゃないか。無理することはない、今のままでも十分幸せじゃないか。

このように口では変わりたいと言いつつも、長年、何も変わらない人たちは、〝変化する勇気筋〟が衰えているのです。コンフォートゾーン（自分が心地良い環境、状況）にいれば、ストレスやピンチにさらされることはないでしょう。その代わり大きな変化はなく、毎日が平凡に淡々と何事もなく過ぎていきます。

もちろん、毎日同じことをして、平凡な日々を過ごすのが幸せという方だっています。価値観は人それぞれですから、それが良い、悪いではありません。

けれど、より豊かな人生を歩みたい、成長していきたい、もっとステージを上げたい、好きなことをして自由に生きていきたいなど、「今の人生を変えたい」と願うのなら、「変化する勇気」を持つことが大切です。

新しい環境に踏み出してみる

一番手っ取り早いのは環境を変えることです。例えば、住む場所を変えたり、付き合う人を変えると、見ている景色がガラリと変わり、新たな気づきがあり、認知が変わります。

最初は居心地が悪いかもしれません。過去の慣れ親しんだ生活に戻りたいと感じることもあるかもしれません。けれど、人間は変化を嫌うと同時に、適応能力も備えています。習うより慣れろ、とはよく言ったもので、1か月もすれば新しい環境に慣れてしまいます。

現に私もシンガポールへ来て1か月ほどたった頃から、暑さや湿度にも慣れ、会話で多少不自由があってもどう対処すればよいのかがわかり、生活に慣れてきました。

人生を豊かに変えるためには、変化する勇気を持つことです。コンフォートゾーンから出て、居心地の悪い環境に出れば出るほど変化の幅は大きくなります。

それはなかなか難しいという方には、ぜひ「一日一チャレンジ！」をおすすめします。一日に一つ、いつもとは違うことをするんです。例えば、いつも歩かないルートを歩いてみる、駅の出口を変えてみる、話したことのない人とランチをご一緒してみる、自分から挨拶をしてみる、一人で何かコミュニティに参加してみる、などです。

初めてのことをするのは、やはり怖いし、不安ですよね。

けれど、その新しい経験で、確実に変化することができます。本気で変わりたいと思うなら「変化する勇気」を持つことです♡

48
Millionaire Mindset

今ここ。今この瞬間に感謝して、精一杯生きる

最後に、私が日々意識して大切にしているマインドセットをお伝えしたいと思います。このマインドセットは、気持ちが落ち込んでしまったときにもぜひ思い出してほしいのですが、

「今ここ。今この瞬間、目の前に置かれている状況に感謝して、精一杯生きる」

というものです。ビジネスシーンなら、目の前のクライアント様に誠心誠意対応する。ご家庭を持っている方なら、いつも一緒に過ごす家族に最大の愛情を注ぐ。会社を経営されている方なら、目の前の社員を大切に、顧客を大切に、会社を取り巻く環境を大切にする。つまり、今この瞬間、自分の目の前にあることに最大限の意識を向けるということです。

今自分が置かれている状況や立場にはいろいろあると思いますが、そこに感謝をし、

一生懸命取り組むことが運気を上げ、良いエネルギーで満たされ、引き寄せを加速し、結果的には成功につながっていくのです。

目の前のことに全力で取り組む

数年前の出来事ですが、今でも品川駅の交差点を通ると思い出す光景があります。

その日、人通りの多い交差点を横断していると、「ありがとうございます‼ ティッシュを受け取ってくださってありがとうございます！ 嬉しいです！ 皆さん、気をつけていってらっしゃい‼」と、ティッシュ配りの青年がご家族にお辞儀をしながら、満面の笑みでお礼を言ったのです。

私は思わず振り返りました。「ティッシュ……？」、そう、ティッシュです。信号を渡ろうと急ぎ足だった人々が足を止め、彼を見ていました。そして、数人が彼からティッシュを受け取り、気づけば私もティッシュをもらっていました。彼の一生懸命さに打たれたのです。

彼がどんな気持ちでティッシュを配っていたのかはわかりませんが、目の前の仕事に全力で取り組む姿勢が、私にはとても印象強く映りました。あんなふうに、自分の目の前の仕事に全力で取り組むってすごく気持ちがいいなぁ、良いエネルギーに包まれるなぁ、と感心したんです。

そのティッシュは住宅展示場の案内か何かでしたが、彼の配ったティッシュを見て、いったいどれだけの人が展示場を訪れるのか、彼にはわからないでしょう。それでも彼は一生懸命、笑顔でティッシュを配っているのです。通行人に無視されても、無視されても、笑顔で配り続けるその姿に感動しました。

結果を求めることはとても大切だけど、その結果につながる、「今ここ」、目の前のことに全力で取り組むことはもっと大切なマインドセットだと、品川を通るたびに思い出します。

今「ある」ものに感謝する

数年前に、沖縄の花火大会へ行ったときの出来事です。その花火大会は、私の周りの成功者にもファンが多く、野外フェスのようなすごい盛り上がりです。その日は有名ＤＪとのコラボや、音楽と花火のコラボなど盛りだくさんで、ゲストには著名人もたくさんいました。

ところが、メインとして予定されていた歌と花火のコラボの途中で、突然、花火の打ち上げが止まってしまったのです。会場にはただただ歌が流れ続けるというアクシデントが発生しました。

すると、後ろにいたカップルが猛烈に文句を言い始めました。「なんなの!!　花火上がんないじゃん!!」「どうなってんだ、これ!!」。延々と文句は続きました。地元沖縄出身のアーティストと花火のコラボをすごく楽しみにしてきたのでしょう。結局そのコラボは再開できず、後ろのカップルの文句もヒートアップ。会場もいささか盛り下がってしまいました。

その空気の中で、デザイナー・コシノジュンコさんと花火のコラボ、デザイン花火が始まりました。マイクをにぎったコシノさんは、開口一番、「いやーーー、今日のこの天気だけでもう大成功！　お天気が良くて本当に良かったわ！」とおっしゃったのです。

確かに、その日は朝からずっと雷をともなう激しい雨で、午後になっても降ったりやんだり。それが、夕方、花火がスタートする頃には見事に晴れた‼ それだけでHAPPYってわけです。

花火のトラブルとか音楽のトラブルとか、そんなことはどうだっていい。今この瞬間、お天気に恵まれ、無事に花火大会が開かれているだけで万々歳！ コシノさんの「大成功よ～‼」って明るい声が、一気に会場のエネルギーを変えたと感じる場面でした。

予想していなかった事態に直面したり、突然トラブルに見舞われたり、思い通りにいかないことなんて、いくらでもあります。そんなとき、その起きてほしくなかった現象にフォーカスし、どうしようもない事態について延々と語るのか、それとも、そんな状況でも必ずHAPPYはあるよね、と目の前の「あること」「与えられていること」に目を向けてみるのか。

成功者はどんなときでも、今ここにある最高の部分を見つけるのが上手です。だか

ら、常に良いエネルギーに包まれているのです。日常生活の目の前にあるＨＡＰＰＹ、与えられていること、感謝できること、ここにフォーカスを当て続けることで、気持ちは穏やかで、あなたはいつだって良いエネルギーを発することができます。

今よりもっと豊かで、もっと幸せな人生へとシフトしていく秘訣は、今ここに集中して全力を尽くし、今目の前にある幸せに感謝すること。どんな状況でもこれを続けてください。そうすれば、あなたの人生は知らぬまに、とんでもない豊かさと成功とがもたらされるでしょう。

おわりに

人生は、泣いても笑っても一度きり。そうはわかっているけど、でも、自分の人生ってこんなものかな。このままじゃ終わりたくないけど、でも、どうしたらいいのだろう……。

数年前まで、そんなふうに悶々とした日々を送っていた私が、今では次々に夢を叶え、「夢は叶えるためにある。自分の人生、やりたいことは全部やりきる人生にするんだ！」と、自信を持って言い切れるようになりました。

海外移住も叶った今、私には新しい夢ができました。それは、お互いを応援し合い、夢を叶えていく仲間をつくりたい！ということ。そして日本をもっと元気にするために、若者や子どもたちの「夢の実現」を応援するコミュニティをつくりたい！

自分自身が一生学び続け、チャレンジを続け、皆様に勇気を与えられる存在になりたいと願っています。

私はこの数年で、仕事も、年収も、社会的なポジションも大きく変わりました。それはもう、信じられないくらい。

人は、いつからだって変われます。変われない人なんて、いないのです。

変われないのは、ただそのきっかけに出会っていないだけ。

変わるきっかけをくれる人と、出会っていないだけなのです。

ほんのちょっとのきっかけが人生を激変させます。ささやかな出会いや気づきが、あなたのステージを引き上げ、可能性を無限に広げてくれるのです。

「自分の使命を知りたいです」、こんなご相談をよくいただきます。

けれど、「使命ってなんだろう、なんだろう」と思いを巡らせるより、とにかく行動を起こしていくこと。これが使命を見つける一番の近道です。

使命がはっきりすると、人生の方向性が明確になり、どんどん行動を起こせるようになります。引き寄せも一気に加速します。

この本では、エネルギー、イメージ、チャンス、引き寄せの極意、そして行動についてお話ししました。

「コツコツが勝つコツ」、私の大好きな言葉です。とにかく小さな行動を起こしていくこと。スピリチュアルの力を借りながら、小さな行動をどんどん積み重ねていけば、とんでもないところまで到達します。あなたが想像もしないような景色がきっと見えるでしょう。

スピリチュアルとリアルな行動の融合、そのバランスをぜひ意識してみてください。

この本が皆様の人生を激変させるきっかけになることを願っています。お読みくださったすべての方々が夢を実現され、日々笑顔で豊かな人生を過ごされることを、心から応援しています。

最後になりましたが、このような素敵な機会を与えてくださったビジネス社様、私の人生を大きく変えてくれたメンター、マイコーチ、いつも応援してくださる皆様へ心から感謝いたします。

TAE

[略歴]

TAE（タエ）

日本で唯一人のミリオネア・マインドセット・マスターコーチ。
人材派遣会社でコーディネーター、メーカーでの営業職を通じてコミュニケーションスキルを磨く。2015年にチームフロープロコーチ養成スクールを卒業。これまでに延べ2,000人以上を指導。実績として、起業して8か月で年収が1億円超！　ゼロからの新規事業が2年弱で月商1億円！　赤字店舗が1年で年商1億円超え！　起業から3年で売上100億円を達成！　など、“ミリオネア量産コーチ”として活躍。YouTubeにて、ミリオネア・マインドセットをわかりやすく楽しく解説した動画を配信中。アメリカのカリスマ講師リー・ミルティアに師事し、日本人として唯一人「ミリオネア・マインドセット・マスターコーチ」の称号を与えられている。現在、シンガポール在住。

公式ブログ（Amebro）　https://ameblo.jp/taeco1020/
YouTube　https://bit.ly/2QY7LIN

100倍の富を引き寄せる
ミリオネア・マインドセット 黄金のルール

2020年1月1日　　第1刷発行

著　者　TAE
発行者　唐津 隆
発行所　株式会社ビジネス社
〒162-0805　東京都新宿区矢来町114番地 神楽坂高橋ビル5F
電話　03(5227)1602　FAX　03(5227)1603
http://www.business-sha.co.jp

〈装幀〉長谷川有香（ムシカゴグラフィクス）
〈本文組版〉茂呂田剛（エムアンドケイ）
〈印刷・製本〉中央精版印刷株式会社
〈編集担当〉山浦秀紀　〈営業担当〉山口健志

ISBN978-4-8284-2151-3